ベーブ・ルース

OHTANIがめざす二刀流ホームラン王

鈴木惣太郎
乇田秀男

弘文出版

ベーブ・ルースと鈴木惣太郎氏

写真提供／鈴木洋子

はじめに

ＯＨＴＡＮＩ（大谷翔平）がエンゼルスで鮮烈デビュー！

そして目指すはベーブ・ルースの二刀流大記録「シーズン投打とも２ケタ」である。

そのＯＨＴＡＮＩに向かって、

「キミならやれる。私はそのときがくるのを楽しみにしているんだ。日本はもとより、私の国のファンも凌駕するような選手になって欲しいねえ。ガンバレＯＨＴＡＮＩ！」

と天国から声援を送るのはベーブ・ルースだ。幼少時から孤児や不良少年、家庭に恵まれなかった子供たちなどの学校に入れられ、そこで覚えた野球で、ついに世界のホームラン王にまで上りつめた男である。

今年（２０１８年）は、そのベーブ・ルース没後70年である。

だが、それよりもルースが投手で2ケタ勝利＋２ケタ本塁打という凄「二刀流」でアッと言わせたのは１９１８年（大7）、いまからちょうど１００年前のことだった。そして、ルースにとって初めてのホームラン王にもなった年でもあった。

それからは誰よりも白球を天高く飛ばし続け、世界一の通算７１４本塁打を放った。その後、ハンク・アーロン、バリー・ボンズに追い抜かれ大リーグ史上3位に後退したが、それほど野球に興味がない人でも、アーロン、ボンズの名は知らなくてもベーブ・ルースの名を知らぬ者はいないと言っても過言ではないだろう。

そのルースは米野球殿堂入り第1号でもあり、背番号3はヤンキースの永久欠番。まさに伝説の男で今日まで人気は衰えていない。

1983年（昭58）に米でルースの豪快なバッティングを描いた切手が発行され、1992年（平4）には映画「夢を生きた男＝ザ・ベーブ」（邦題）が製作され日本でも公開された。

さらに、最近でもルース現役当時の記念品などがオークションに出品され、いずれも高値で落札されているのを見ても人気の凄さがわかろうというもの。

晩年の1934年（昭9）には日米野球で来日、どこでも熱烈な歓迎を受け、その期待に応え本領発揮のホームランを連発。全試合に出場し三冠王にもなった。

その日米野球のためアメリカに渡り、選手の来日交渉などあらゆる面で尽力しつつ、ベーブ・ルース一家と行動を共にした人物がいた。鈴木惣太郎氏である（プロフィール参照）。

私が同氏著『ベーブ・ルース』（朝明書院）を古書市で買い求めたのは30年ほど前。この本が発行されたのは1948年（昭23）6月で、しかもルースが他界する2ヵ月前のことだった。

鈴木氏は最後まで来日を拒んでいたベーブ・ルースを説得し、米チームのメンバーに加入させたことでも知られる。もしルースが来日しなかったら1936年に7球団でスタートした日本のプロ野球はもう少し遅れていたかもしれない。

日本各地で行われた日米野球はどこの球場も超満員。そしてファンのお目当てはベーブ・ルースで、その熱気がプロ野球誕生へとつながって行ったと言ってもいいのではないか。

そのベーブ・ルースと日本人で最も緊密な間柄だったのが鈴木氏である。同氏の書かれた『ベーブ・ルース』をいずれ復刻本にしたいと私は思っていた。おそらくこれは、日本最初のベーブ・ルース描いた本ではないかと思われる。

そして前述のようにルースの真の「二刀流」+「初の本塁打王」から100年という節目の年でもあることから、その夢を実現することができたというわけだ。

その本には有名な話も出てくるが、鈴木氏ならではの、誰も知らなかったルースの一面もふんだんに記されているのが興味深い。だが、圧巻は何といっても日米野球に関する〝極秘話〟の数々だ。

出版にあたり鈴木洋子さま、廣子さまには復刻を快く許諾していただき感謝いたします。

本書は鈴木氏の『ベーブ・ルース』を多少アレンジしつつ、できるだけ忠実に本文を再現し、それに私（氏田）が各項目の最後に（※と★印にて）主要人物やエピソードなどを加筆し、いわば幹の鈴木氏に私が枝葉を付け1本の木にしたもので「知ってるつもりで、もっと知った」ベーブ・ルースになったと思っていただければ幸いである。

なお、本文における自称の『私』はすべて鈴木惣太郎氏であり、氏の本文旧仮名づかいなどは（ゐ→い、對→対）、漢数字は（三→3）のように改めた。

序

メジャー・リーグ22年間の大活躍に、714本の本塁打を飛ばしたベーブ・ルースこそは、この一事をとっただけでもアメリカ野球の覇者である。

だが、それどころではない。彼の強打力はアメリカ野球界に、何人も成し得なかった数々の記録を樹立したのみでなく、彼の出現によってアメリカのベースボール様式は、技術と作戦の面はもとより、その経営の部門に至るまで、ことごとく革命の与儀なきにさえ至ったのである。

こうした観点において、ベーブ・ルースはまさに〝野球の偉人〟である。彼の如き偉人は彼の前には見出せなかった。そして、彼の後に果たして、彼ほど豪快強打の大選手が出てくるであろうか？　技術の点ではともかく、ベーブ・ルースほど世人の心をとらえ、常に人気の焦点となるような選手の出現は、野球の国アメリカにおいても容易には望み得られないであろう。

私（鈴木惣太郎）はベーブ・ルース一家と2カ月余にわたって旅行を共にし、ルースその人の〝強さ〟をつぶさに味わっているのであるが、彼の逞しい体力の活躍は人間に望み得られる最高至上の生活力の充実を示して、真に驚嘆すべきものがあった。

こうした反面に彼は〝子供の無邪気〟さを持ち、心の底から少年少女を愛してやまない。しかも彼は社交人としても、一点非の打ちどころのない〝アメリカ型〟の紳士なのである。

〝野球の偉人〟ベーブ・ルースは、かくして実に複雑多角の性格を持ち、人間として実に面白い存在で、筆者はそれを描くことを狙って、この一書をまとめたのであるが、意あまって力足らず筆の動かぬのを忸怩（じくじ）するのである。

鈴木惣太郎

昭和23年3月28日

目次

第1章　BOSTON

●私の渡米日誌

1934年（昭9）10月2日の私（鈴木）の日記には、次の事項が書き残されている——

午前5時起床、快晴。自室で朝食をとりつつ日本へ送る長文の電報を書く。ベーブ・ルース一家3人、レフティ・オドール（※1）（後述の※数字を参照、以下同様）私の5人、午後の飛行機便にてデトロイトに向かうべく午前中ホテル・マカルピンにて書類と荷物の整理をする。

午後、オドールと同行してナッソー街のA・G・スポルディング会社（スポーツ用品メーカー）に行き、カーティス社長と会見。スポルディング社の飾り窓には、日本に行く〝オールスター〟選手のユニフォームが飾ってあり黒山の人だかり。ホテルへの帰路、ロージャース・ピートにて外套、シャツ、靴下、肌着など求む。

ホテルに帰ると、ベーブ・ルースより電話あり。夫人が反対なので飛行機便をやめて、汽車にてデトロイト行きに変更。今夜出発するので切符の買い直しなどであわてる。キーストン・フィチュア・シンジケートの外国部長ジョーン・A・ブローガンより電話あり。各地の通信員に連絡して旅行及び通信の便をはかると。

ウエスト・エンド・アベニューのハーリー・クーパー邸に招待され、オドールと2人晩餐の馳走にあずかる。その後クーパー父子に送られ、自動車にてグランド・セントラル・ステーションに行く。ブロードウエイの著名舞台監督ニック・ホリデー夫婦もわざわざスタテン・アイランドの自宅から見送りにきてくれたのには恐縮。

いよいよ列車に乗る。クーパーが葉巻25本入り1缶贈ってくれた。列車の中でルース一家と落ち合い、黒人の喜劇役者ジョンスンに紹介される。オドールとともに食堂車に行くと、ポログラウンドで知り合ったスポーツライターたちに声をかけられる。この列車には明日から始まるワールド・シリーズ関係の人たちを満載している。

食後、喫煙室でシカゴ・ホワイトソックスの会頭ジョージ・コミスキーに会う。そこへベーブ・ルースとダン・ダニエル（ニューヨーク・ワールド・テレグラム紙の著名野球記者）とが加わり、ワールド・シリーズとルースの日本行きの話に花が咲く。

後にルース一家の特別室へ同行すると、日本語を教えろと、子供のようなことを言い出す。オドールと2人のコパートメントへ帰って床についたのは12時半——

（※1）レフティ・オドール（Lefty O'Doul 1897~1969）左投左打。大リーグで首位打者2度。日本プロ野球創世紀の協力は多大で、1935年（昭10）の巨人の米遠征にも尽力。ジャイアンツのニックネームは同氏の助言による。1949年（昭24）に3Aサンフランシスコ・シールズの監督として来日。2002年には日本の野球殿堂入りを果たした。

●〝野球の偉人〟ベーブ

このようにして始まったベーブ・ルース一家と私（鈴木）の旅は、翌朝デトロイトに着き、ホテルで宿泊し1934年のカージナルス対タイガースのワールド・シリーズを見たり、さらにセントルイスに行ってシリーズ第3～5試合を観戦。再びデトロイトに戻り第6、7戦を見てから、シアトル、バンクーバー、ホノルル――それから横浜、東京をはじめとして日本各地を回り、最後に12月2日午後10時、神戸出帆のエンプレス・オブ・カナダ号でマニラに向け出発するまでちょうど2ヵ月続いた。

この間だけでも〝野球の偉人〟ベーブ・ルースについて語るべきことは山のようにあるが、ルースを最初に見たのは1920年（大9）で、最初に会ったのは1926年（昭1）だが、この〝野球の偉人〟が叩き出したホームランの1本ごとに、ベースボールの悲劇も喜劇も巻き起こされ、彼の行くところ、彼の語るところ――それは公的なものでも私的なものでも、常に大きな話題を作り出している。

私はベーブ・ルースを〝野球の偉人〟と呼ぶが、偉人というだけでは彼の性格の半分もつくしていない。彼は巨大な赤ん坊である。しかも無数の人から崇拝される英雄である。さらに彼には敵がいない。彼がどんな勝手気ままな振る舞いをしても、誰もが彼を憎まない。まったく邪気のない彼のやり方を何としても怒ることができないからである。

彼には米国人の誇りと、誰もが持ち合わせている〝センス・オブ・ユーモア〟を持っている。だからプレーするルースには鬼気迫るような峻烈なものを感じるが、野球を離れて談笑すれば、大福餅をほおばったような、なんともいえぬ嬉しさと和やかさを感じる。

私は、この1934年（昭9）のワールド・シリーズの最中に、デトロイトのホテルでルースと同宿したときに会ったジャッジ・ランディス（※2）や、以前会ったことがあるタイ・カッブ（※3）、クリスティ・マシューソン（※4）、ホーナス・ワグナー（※5）らとはまるで違う。米球界の一致した意見では、ベーブ・ルースを〝古今随一の特色ある選手〟としている。

この特色のあることと言われる中には、ルースの持つあらゆる性格が織り込まれているに違いない。だから野球界の要職にある人、名選手、名監督の誰とも異なった、一種独特の感が彼の身辺から放たれるのである。

（※2）ジャッジ（判事）・ランディス＝本名ケネソー・マウンテン・ランディス（Kenesaw M.Landis 1866~1944）1919年（大8）のワールド・シリーズで八百長試合に加担したホワイトソックスの8選手を永久追放したのをはじめ、24年間も球界浄

化にとり組み多大な功績を残した大リーグ初代コミッショナー。1944年（昭19）殿堂入り。

（※3）タイ・カッブ（Ty Cobb 1886~1961）右投左打。長距離ヒッターではなかったが、通算打率・367でトップ。三冠王をはじめ打率4割2度、首位打者12回も最多。打点王4回、盗塁王7回。彼の最晩年を描いた映画「COBB」は、1995年（平7）日本でも公開されたが、カッブ役を演じたのはCMでもお馴染みのトミー・リー・ジョーンズだった。

（※4）クリスティ・マシューソン（Christy Mathewson 1878~1925）右投右打。〝スクリュー・ボール〟の元祖と言われている。通算373勝188敗、最多勝4回、防御率1位2回。

（※5）ホーナス・ワグナー（Honus Wagner 1874~1955）右投右打。首位打者8回、打点王4回、盗塁王5回。彼の現役時のベースボール・カードが、米のオークションで数年前に1枚100万ドル以上の超高値で落札されたのを記憶している。カードの数が極少のうえ、新品同様のものだったのが、驚き高値のワケ。（カップ、マシューソン、ワグナーはベーブ・ルースとともに1936年（昭11）、大リーグ最初の殿堂入り）

●子供が好きなベーブ

ベーブ・ルースの多彩な性格のうち、最も強い一つは子供好きの点にある。子供好きとか、あるいは親孝行であるとかいうと、世間から好感をもって迎えられるものである。だから、不心得者の中には、子供好きや親孝行を売り物にしたり宣伝したりするものさえある。

だが、ベーブ・ルースの子供好きは、真底からのものだ。このことについては、後にいくつかのエピソードも出てくるが、前述の1934年（昭9）10月2日の私の日記にあるように、列車の中でルース一家の特別室に行ったとき、彼は私に「日本の文字を教えてくれ」、「ベーブ・ルースとはどう書くんだ」と。それからさらに「子供に書いてやる文字を二つ三つ教えてくれ」と言うのであった。

そこで私はあり合わせのボール紙に、仮名でベーブ・ルースと書いて手本を示すと、ルースはすぐそれを書くようになった。次いで〝人〟と〝川〟、さらに〝日〟と〝月〟の4文字を教えた。象形文字の筆法で説明したのだが、ルースは大変興味を示しすぐに覚えてしまった。そばでクレア夫人と愛嬢ジュリアもおもしろがってマネをしていた。

そして来日してからのルースは、日本の少年少女がサインを求めると、〝ベーブ・ルース〟とか〝川〟、〝月〟などと書いて子供たちが驚いたり、喜んだりするのを見て無性に嬉しがっていた。それこそ、本当に彼自身、子供になっての喜び方で、少しの邪気もないのであった。

また、これは1926年(昭1)のワールド・シリーズ中に起こったことで、各新聞紙上で盛んに書かれたエピソードだが、観戦していた私も記憶している出来事であった。それはニュージャージー州の国立銀行副頭取シルベスター氏の長男ジャニー君(11歳)が厄介な病気にかかり、医師にさえ見放される重態に陥った。そして父シルベスター氏が病床の愛児に希望を訊ねると、ベーブ・ルースのサインボールが欲しいというものだった。

ちょうどそのとき、シリーズ第3、4、5戦を行うためヤンキースはセントルイスに滞在していた。そこへシルベスター氏が打電すると、ルースは快諾してすぐさま真っ白なボールにサインして飛行機便で送ってやったのだ。それを受け取ったジャニー君は、感激のあまり難病を忘れてしまい、ついに快癒したというのである。

ベーブ・ルースほど多くの孤児や病院の子供、それから子供の養育院などをたびたび訪れた選手はいない。しかもこのことを彼はひた隠しに隠すのである。こうしたときのルースは写真を撮られたり、新聞に書かれたりすることを欲せず、ただただ子供たちの喜ぶ顔を見ることが彼の楽しみなのであった。では、なぜルースはこんなに子供好きなのか？　それにはまず彼の生い立ちを語らねばならない。

●孤児ではない

アメリカの映画によく出てくる貧民窟を想像させる、ボルティモア市の暗き裏街に呱々《ここ》の声をあげたジョージ・ハーマン・ルースは孤児だったと伝えるものもあるが、ルース自身もそれを否定している。

私は1928年（昭3）、ニューヨークにいたときの、ちょうどシーズンの終わりころだったが、ルースによく似た面差しの妹メアリーが、はるばる彼の故郷ボルティモアからニューヨークに出てきていた。そして、彼女がヤンキー・スタジアムで数日の間、毎日毎日ヤンキースの試合を見ていたのを、私は眺めていたのである。

ルースに妹がいることはこれで証明できるし、ルースには父の存在が知れているのだから、孤児ではないと強弁する必要もないのだ。ただ、彼の両親については、世界的に有名になった息子ほど細かい物語を残していないだけなのである。

何はともあれ、彼が貧困の両親の子として生まれた（※6）ことは事実で、彼が腕白盛りにはボロボロのズボンをはき、ボールとバットを握って、裏店の悪太郎どもと声を張り上げ

〝アウト〟、〝セーフ〟を夢中で争ったのだが、これがベーブ・ルースのベースボール生活への第一歩であった。

（※6）ルースの誕生日は1895年（明28）2月6日。その生家はレンガ作りの3階建ての長屋だった。各戸は幅4メートル、奥行き18メートルほどで、小さな裏庭があり、玄関からすぐ歩道に出られるような作りになっていた。その後、近所に引越し1階で父親が酒場を経営、昼間から深夜まで一日20時間も働いたという。なお、ルースが生まれた家は後に「ベーブ・ルース博物館」になった。

●巣立つ英雄児

「驚いたなあ。あの広場の真ん中から俺の店まで球を打ち込むなんて、大人だって出きゃあしない。ジョージの小僧は恐ろしいヤツだ」

街角の食料品店の禿げ親父が、二度までも陳列棚を壊され、今もまた卵の中へボールを叩き込まれ、この悪太郎の家へ怒鳴り込んでの帰り道だった。

「だが、なんて汚いアパートだろう。あれじゃあ弁償代はおろか、汗拭き代にもなりゃしない」

禿げ頭の親父は、少年ジョージの強打と生家の貧困とを思い出しながら、取り上げてきた古いボールをうらめしそうに眺めた。この悪太郎ジョージこそ、後年ホームラン王として世界にその名声を馳せたベーブ・ルースの幼名である。

そのことがあった翌日、ジョージは許されないままに、一日中家にこもっていた。だが、その日も夕方になったころ、ルース一家がいつも仲よしにしている教会のギルバート師が訪れてきた。前々からの話で、この日、ついにジョージはギルバート師に連れられ、セント・メリー工業学校に行かねばならないのだった。

「とうとう、この家ともサヨナラだ――」

と思えば思うほど、ジョージは無性に涙が溢れた。するとブラザー・ギルバートは、優しくジョージの肩を撫でながら、

「何も泣くことはないんだよ。この家にいては君の好きな野球もやれないし、それに勉強をしないと、君のお父さんが心配して、病気もなかなか治らないからね。さあ、安心して私と一緒に学校へ行こう」

と諭し、さらに父親に「ではジョージを引き受けました。きっと立派な男に仕上げて見せますから」と言った。敬けんなキリスト教信者であるジョージの父は、失業と病でやつれた頬に涙を流しながらその場にひざまづいて感謝の十字を切ったのである。

●学園から職業野球へ

ボルティモアの裏街から連れてこられたセント・メリー工業学校（※7）には、人格の優れた多くの修道士がいて、少年ルースにいろいろなことを教えてくれるし、どんなに暴れ回ってもギルバート修道士はあまり叱ったりはせず可愛がってくれた。

そこでルースは魂を打ち込んでベースボールに熱中した。捕手から外野手、内野手、そして最後には投手になった。ずば抜けた体格に優れた彼は、左腕からすごい球を投げる上に、恐るべき大きな打球をかっ飛ばすので、セント・メリーのジョージと聞いただけで、近隣の学生チームは震え上がったものだ。

この様子を眺めていたギルバート修道士は、ルースが18歳になったとき、大きな決心をして、ルースの行くべき生涯の方向を決めた。そして、当時ボルティモア・オリオールズ（※8）のオーナー、ジャック・ダンに手紙を書き送った。

ある日、勉強時間を終えたルースが運動場に出かけようとして、ユニフォームに着替えたところへギルバート修道士から「私室にくるように」との迎えがきたので、大急ぎで行ってみると、そこには目の鋭く光る先客がいた。ギルバート修道士は、

「ジョージ、この方はオリオールズのオーナー、ジャック・ダン氏だ。ご挨拶なさい」

と2人を引き合わせた。

そして、学校のグラウンドに出て、ダンの希望するままに、ルースは球を投げてみせることになった。およそ30分。さすが陽気なルースも偉い人に見てもらうという緊張感から、固くなって口もろくにきけないでいた。

再びギルバート修道士の部屋に戻ると、突然ダンがルースに向かって、

「ジョージ君。どうだい、君は職業野球選手にならないか？ 君なら大丈夫、大物になれる。もし君がやる気なら、1週間25ドル、6カ月600ドルの給料で契約しよう」

と申し出たのである。

ジョージ・ハーマン・ルースは、この申し出に驚いた。金のこと、給料のことなど少年ルースの眼中にはなかった。だが、憧れの野球選手になれる、好きな野球がやれる、そして大選手になれる、とダン監督に折紙をつけてもらったことが、何よりも嬉しかったのだ。

それだけに、ルースは飛び立つ思いでダン監督の申し出を承知したのである。かくて一世の〝野球の偉人〟ベーブ・ルースは、いよいよ学園を巣立って野球界へと乗り出すのである。


（※7）ルースが7歳のときに入った全寮制のセント・メリー工業学校は、ボルティモアから4マイルの地にあり、緑も多く空気もきれいだった。少年たちが800人ほどお

り、野球をやるには十分なグラウンドもあった。修道士30人ほど。起床6時。7時半から教室や作業場に入り、夕食前の1、2時間は娯楽が認められ、就寝は8時。少年たちは現金を持てなかったが、作業場での工賃が預金されており、その額内でケーキやピーナッツなどを学内の売店で買うことができた。

（※8）ボルティモア・オリオールズは当時のマイナー・リーグで、現在のチームとは違うのだが、1914年（大3）にダン・オーナーを前に契約書にサインするルースの写真が残っている。

★ベーブ・ルースの証言

「7歳になるまでの幼年時代の大部分を、ボルティモアにあった父の酒場の2階で暮らした。2階にいないときは酒場にいた。その酒場で寝起きすることもあれば、道路で一晩過ごすこともあった。だから、最初から人間以下の生活をしていた。セント・メリーに入れられたのは7歳のとき。この学校は孤児、不良少年、貧乏で教育を受ける機会のない家庭の子供たちの訓練所だった。たしかに自分は不良だったと思う。そして、この学校で自分は洋服の仕立てとシャツづくりをしていた」

ルースは工賃で買ったお菓子類を、他の少年たちにも分け与えたという。また、洋服の仕立てを覚えたことから、年をとってからも針仕事は巧かったと言われる。また野球でもセント・メリー当時は、左利きながら確かに捕手や内野手でプレーしたのだが、右手にミット、右手にグラブの遊撃手ルースや、少年らが洋服の仕立て作業をしている写真も残されている。

また、鈴木氏は触れていないが、セント・メリーでのルースにとって、彼の将来を決めたとも言える人物がマシアス修道士だ。193センチ110キロ。しかも全身これ筋肉という感じだったという。ルースに読み書きをはじめ野球を教え込むなど、あらゆる面で力になり、野手から投手として一本立ちさせたのもこの人だった。

★再びベーブ・ルースの証言

「マシアス修道士は、ボクにできるだけ野球ができるよう配慮してくれた。しかし、遊びと仕事の時間の区別ははっきりしていた。野球のために授業をさぼることや、裁縫工場でやるべき仕事を試合の都合で後回しにすることなどは絶対に許さなかった。ボクの人生の第一の転機は、何といっても〝第二の父〟となってくれたマシアス修道士に出会ったことだ。そして第二の転機は野球の世界に身を投じることになったことだ」

●名伯楽ジャック・ダン

ジャック・ダンは1928年(昭3)に突然死亡したのだが、名伯楽ダンによって米球界に躍り出た名選手の数はすこぶる多い。ルースの恩人でもある、彼を世に送り出すまでの重要な一人として、少しこの人のことを伝えたい。

ジャック・ダンは、1800年代後半から1900年代はじめまでドジャースで投手、ジャイアンツでは内野手としてプレーしたのだが、得た最高の給料は4000ドルにすぎなかった。その僅少の俸給から貯えた金で野球事業に乗り出したこの人は、選手として華々しい活躍はできなかった代わりにベースボール・ビジネス、つまり球団経営において、アメリカでも稀に見る大きな成功を収めた人だった。

マイナー・リーグの1チームのオーナーにすぎなかったが、大リーグの巨頭蓮と肩を並べることができたのは、幾多の選手を大リーグに送り出した功績によるものである。そして、最初に名伯楽ダンによって見出された年少選手が、ジョージ・ハーマン・ルースであった。

少年ルースの急速な進歩は、将来最も有望な投手になるだろう、という夢を馳せながら当時では破格の3万ドルでボストン・レッドソックス（※9）にルースを送る幸運をつかんだのである。

それからも数々の選手を大リーグに送り出したのだが、近代快速左腕レフティ・グローブ（※10）もダン監督の手によって仕上げられ、10万600ドルという記録破りの代償を以ってアスレチックスにリリースされたのである。

ジャック・ダンはこのように、次から次へと選手を仕上げては大リーグに送り出し〝富と名声〟を一気に勝ち得たのである。

そのジャック・ダンのチーム経営は、経済的にかくのごとく大成功を収めたのであるが、名選手を輩出したオリオールズが弱いはずはなく、インターナショナル・リーグにおいてオリオールズは1918年（大7）から7年連続ペナントを握ったので、他のチームの破産やリーグの壊滅が目前に迫ってくると、残りのチームが悲鳴をあげるに至った。

こうしてマイナー・リーグで成功したダンに、大リーグチームの経営を望む声が高まったが、彼は名を捨て実を取って生涯をオリオールズに捧げ奮闘を続けたことは、特筆すべきで、彼の死は米球界から深く惜しまれたのである。


（※9）ボストン・レッドソックス＝松坂大輔（現・中日）や上原浩治（現・巨人）ら

が活躍したのはいうまでもないが、1876年（明9）に誕生したナショナル・リーグに加盟し、1901年（明34）のアメリカン・リーグ結成と同時に同リーグに移った。ルースが入団するまでにワールド・シリーズで2度優勝していた。

（※10）レフティ・グローブ（Lefty Grove 1900~1975）左投左打。速球投手で17年間通算300勝141敗。最多勝4回、防御率1位9回。1947年（昭22）殿堂入り。1931年（昭6）の日米野球で、大リーグ選抜チームの一員として来日。まだプロ野球のなかった日本チームは主に大学生で編成され、三原脩（早大）、水原茂（慶大）、若林忠志（法大）らが対戦したが、実力は雲泥の差で17試合0勝17敗だった。

●世界的あだ名「ベーブ」誕生

さてジャック・ダンの話を切り上げ、再びルースの話に戻ろう。

1914年（大3）の春、20歳になったジョージ・ハーマン・ルースは、ジャック・ダンに連れられてボルティモア・オリオールズのトレーニング・キャンプに参加した。

そこで最初にルースが紹介されたのが、スタイナム・コーチであった。気さくな同コーチは、いきなりルースの手を握って「ハロー、ベーブ」と勢いよく呼びかけた。そして他の選手に「これがジャックの新しい子供（ベーブ）だよ」と次々に紹介したので、どの選手も「ハロー、ベーブ、ベーブ」と呼びかけルースと握手した。彼らは「ベーブ」（※11）というのは、ルースのあだ名だと思い込んだのだが。

このようにして、世界的のあだ名の「ベーブ」の名は、スタイナム・コーチの口から飛び出したのが元で、一瞬にして誕生したのだ。

そのベーブ・ルースをダンは投手に仕立て上げるつもりで指導したが、この年に早くも35試合に登板し22勝9敗、139個の三振を奪った。職業野球へのかけ出しの若い選手がこれだけの働きをするとは、当のダンさえ思いもつかぬことであった。このあまりの好成績に、ルースの俸給は3度飛び上がって、シーズン終わりには1300ドルになった。

そして1914年7月8日、懇望されるままに、ダンはルースをボストン・レッドソックスに譲った。当時、レッドソックスはアメリカン・リーグ（※12）の強豪チームで、そのオーナー、ジョー・ランニンがルースの投手ぶりにすっかりほれ込み、大枚3500ドルの俸給をポンと出す約束で契約したのである。無邪気で陽気なルースはいたるところで皆から可愛がられたのである。

（※11）子供という意味の「ベーブ」（Ｂａｂｅ）というあだ名が、まるで本名みたい

な感じだが、実はルースには「バンビーノ」（Ｂａｍｂｉｎｏ）というあだ名もある。これも子供という意味だが、大リーグの記録全集「ベースボール・インサイクロペディア」でも、ニックネームとしてちゃんと記されている。もし「ベーブ」でなかったら「ジョージ・ルース」だったかもしれない。

実際、ルース初期のベースボール・カードには「GEORGE HERMAN（BABE）RUTH」と印刷されたものが何種類もあった。完全に GEORGE と HERMAN が抜け「BABE RUTH」になったのはその後のこと。また17歳のヘレン・ウッドフォードと結婚したのも１９１４年だった。

（※12）アメリカン・リーグ＝ルースがレッドソックスに入団した当時のア・リーグは、次の８球団（ナショナル・リーグも同じ）で、ルースの現役時代はこのままだった。そして1チーム年間１４０試合以下は2年だけで、あとは毎年１５０～１５４試合でペナントを争った。現在は１６２試合。

ボストン・レッドソックス

フィラデルフィア・アスレチックス（現オークランド・アスレチックス）

セントルイス・ブラウンズ（現ボルティモア・オリオールズ）

デトロイト・タイガース
シカゴ・ホワイトソックス
ニューヨーク・ヤンキース
クリーブランド・インディアンス
ワシントン・セネタース（現ミネソタ・ツインズ）

●投手術と外野守備の秘訣

ところで、大リーグ球団では若い投手を指導するのは、主として老練捕手の任務になっている。そこで、当時レッドソックスのビル・ケリガン監督兼捕手は多忙ながらもベーブ・ルースの指導に多大な時間を割いた。そして快速球の老練ジョー・ウッド投手をコーチにつけたのである。彼は後にエール大学野球部のコーチを永く勤めたほどで、投手として力量もあり、かつ才智に優れていて、その当時から知名の選手だった。

このようにして、ルースが大リーグ入りして学んだピッチングは、この2人の先輩から授けられたもので、このために彼は早くも桧舞台に投手として立つ用意が素早くできたのである。

また、ルースが後年、外野手として大成を遂げた素因も、実はこのレッドソックスに養われたのである。当時の主力トリス・スピーカー（※13）がこのチームにいた。そしてハリー・フーパー（※14）という名外野手もいて、この両人がルースに、投手の勉強をする片手間の仕事として、外野手守備を教え込んだのであった。

名外野手スピーカーの名は、遠く日本にまで伝えられているが、このフーパーも米国球界に現れた名外野手の一人であって、打力には少し物足らぬところもあったが、守備においては稀に見る名人であったのだ。

（※13）トリス・スピーカー（Toris Speaker 1888~1958）左投左打。長打力はなかったが、俊足巧打の名外野手。通算3515安打、首位打者1回、打点王1回。433盗塁、1937年殿堂入り。

（※14）ハリー・フーパー（Harry Hooper 1887~1974）右投左打。強肩好守の外野手で生涯守備率・966。通算2466安打。1971年殿堂入り。

この時代には、アメリカの野球にもまだまだ商売人根性ともいうべきものが残っていて、新人選手に対して先輩選手がずいぶん意地悪く出て、説明すべき必要なことさえ隠し立てして、なかなか教えてくれなかったものであるが、ルースが知名の先輩からうん蓄を傾けて教え込まれたわけは、前にも述べたようにルースの持つ無邪気な天性のお陰であった。

もっとも、若きベーブ・ルースには、野球人としての大天才があり、その上に非常な熱心をもってベースボールに精進したので、これらの名人先輩たちを自然に感心させ、快くルースを指導したとも言えるのである。

かくてルースに秘められた〝野球の大天才〟はめきめきと磨かれ、瞬く間に大先輩の仲間入りをするようになり、この1915年（大4）のレッドソックス対フィリーズのワールド・シリーズには、大リーグ1年生にして早くも代打で起用された。

翌1916年にはドジャースとのワールド・シリーズに投手として登場し1勝、1918年（大7）の対カブスとのワールド・シリーズにも登板し2勝をあげた。

このように、ベーブ・ルースは大リーグ入り早々にして、米国野球選手の誰もが切望して、しかも容易にその機会に恵まれないワールド・シリーズに登場する幸運をかち得たのである。

当時のボストン・レッドソックスは米国の球史上でも稀に見る著名な選手揃いの強豪チームであったからであるが、この仲間に伍して若い新進投手のルースも活躍し、レッドソックスのペナントレース優勝に寄与し、さらに最後の名誉をかけたワールド・シリーズにも投手として手柄を表したのである。

当時レッドソックスは１９１５、１６、１８年の３度ア・リーグ優勝し、しかも３度ともワールド・シリーズにも優勝しているが、この間ルースは３勝をあげ一度も敗れたことがなく、しかも次の２つのワールド・シリーズにおける投手記録を作っている。

１、一人の投手として最長イニングで勝つ――１９１６年10月９日、延長14回を投げ切って２対１で勝つ。（対ドジャース）

２、連続イニング無失点――１９１６年、１８年（対カブス）にかけて29回連続無失点。

ところで、１９１８年（※15）のシーズンを以って、ベーブ・ルースの投手としての〝大活躍〟には終止符が打たれ、１９１９年からは彼の前に新たなる活躍の分野が展開されるのであるが、投手としても稀に見る彼の投手記録をすべて掲げておくことにしよう。

年	チーム	試合	勝	敗	防御率
１９１４	レッドソックス	4	2	1	3・91
１９１５	〃	32	18	8	2・44
１９１６	〃	44	23	12	1・75（1位）
１９１７	〃	41	24	13	2・01
１９１８	〃	20	13	7	2・22（※15）

1919	〃	17	9－5	2.97
1920	ヤンキース	1	1－0	4.50
1921	〃	2	2－0	9.00
1930	〃	1	1－0	3.00
1933	〃	1	1－0	5.00
計10年間		163	94－46	2.28
＝ワールド・シリーズ＝				
1916	レッドソックス	1	1－0	0.64
1918	〃	2	2－0	1.06
計2年間		3	3－0	0.87

※打撃成績は200～201ページ参照

（※15）23歳この1918年こそ、ルースの真の「二刀流」誕生の年でもあった。それは投げて13勝（7敗）、打って11本塁打で初の本塁打王にもなったのだ。だから、ベーブ・ルース「初の本塁打王から100年」ということにもなる。

〝日本のベーブ・ルース〟とも言われている、24歳の大谷翔平がまず目指すのは、そして達成してファンの期待に応えるためには、まずはこの投打ともにシーズン2ケタだろう。

●ルースとカッブの一騎打ち

〝ホームラン・キング〟として、偉大なるルースの功績に驚嘆するファンは、この偉人が投手として非凡な手練をもっていたことを、往々にして見逃しているようである。ベーブ・ルースのピッチングは、見るからに雄大で、その快速球はホップ（球が浮き上がること）を伴っていた。だから、彼の左腕を操って捻りだす速球には、当時の打撃王で、ルース出現前、全米ファンの人気を背負ったタイ・カッブさえ容易に翻弄されたほどであった。

もし、ベーブ・ルースが肩を痛めず、外野手として転換の機が与えられなかったら、おそらく彼は大リーグの名投手の一人（※16）として存在し、前述の以上の多くの投手記録を作り出したであろう。

そのルースはワールド・シリーズで活躍した当時のある日の対タイガース戦で完封目前の9回裏、タイ・カッブらを三者連続三振に斬って取ったことは、私に語ってくれた彼の投手としての手柄話なのである。

このときの球審は有名なビリー・エバンスであった。ルースの投球があまりにホップするので、打席のカッブは〝球に仕掛けがあるのではないか〟と不審に思い、球審に検査を要求したが、エバンス〝球は正しい。仕掛けなんかない〟と証言。それでもカップは納得できず、1球ごとに新球に変えて投げさせたが、6球目に三振に打ち取られてしまったのである。

ホームベースの上を申し分ない高さに通る球が、捕手のミットに入るときには、さすがの名捕手ビル・ケリガンも飛び上がらねば捕球できないほどのホップだったのであるから、強打者カップも面食らったのは無理もない。三振したカップはしきりに首を傾げ、球に仕掛けがでもあるのでは、となおも不審を抱いていた。


（※16）ベーブ・ルースとタイ・カップは、ときには試合中ケンカ越しのライバルでもあったが、引退後の晩年は親友としてゴルフを楽しんだりしていた。そのタイ・カップはこう証言する。

「ベーブ・ルースは威力のある左投手だった。もし外野手に転向して強打を誇るということにならなかったら、史上有数の名投手として数えられたと思う。ルースは見事なカーブと速球に加えて、素晴らしいコントロールを持っていた。私は彼と45回から50回くらい対戦したが、1本も長打を奪うことができなかった。

私は彼と対するときの手段として、バットを短く握る打法をとり、5年間で通算・325を打つことができたのだが、それでも長打は1本も打てなかった」

●レッドソックスからヤンキースへ

天才の煌めきは、いつかは具現者の知遇を待って燦々と華を咲かすべき、必然性がある。投手に精通していたルースの打撃には、すでに後の〝ホームラン・キング〟に納まるべき天才の煌めきを現していたのであった。彼のホームランの記録は、1915年（大4）に4本。16年は3本。17年はわずか2本となったが、18年には11本。そして19年には29本のホームランを放ち、2年連続両リーグ最高記録を挙げたのである。

ルースは1918年までの本職は投手であったが、その年11本のホームランを飛ばしたことによって、投手力より打撃力の方がチームに重要視されるようになってきた。そして翌年には総監督のエド・バーロウ（※17）とビル・ケリガン監督がルースを一塁手および外野手として使うこととしたのである。

ここでルースはいよいよ〝ホームラン王〟としての打撃の天分を発揮し始め、29本の本塁打を飛ばし、球界空前の本塁打数にセンセーションを巻き起こしたのである。しかしこれはアメリカ野球大革命への除夜の鐘でもあったのである。

このシーズンの終わりを以って、ルースのボストン・レッドソックス時代は幕を下ろしたのである。そして未来の覇者と見込まれ、12万5000ドルという恐ろしく高い代償でニューヨーク・ヤンキースへ買われて行くことになったのである。この1919年、彼は130試合に出場し29本塁打（※18）を打ち2年連続本塁打王で強打者の実力を示した。

彼のレッドソックスからヤンキースへのユニフォームの着替えは、単に〝ホームラン・キング〟ベーブ・ルースを野球界に出現させたばかりではなく、ルースの〝強振長打法〟は、これまでのアメリカ野球戦法を根本的に覆し、さらにアメリカ人の野球鑑賞においても変化をきたし、この1919年を以って画期的な一線をアメリカのベースボールにはっきりと印したのである。

（※17）エド・バーロウ（Ed Barrow 1868~1953）監督の経験もあるが、ファーム制度を確立するなど球団経営に手腕を発揮、ヤンキースでは24年間の在職中に14回も優勝に導いた。その功績が称えられ1953年殿堂入り。

（※18）1919年のルース放った29本塁打は当時の大リーグ新記録で、満塁本塁打4本も新記録だった。加えて初の打点王（114）にもなった。しかしチームは前年の優勝から8球団中6位に転落。

ルースにとってレッドソックス最後になった、この1919年といえば、日本では大正8年。全国中等学校（現高校）野球選手権大会が始まって5年目のことで、プロ野球誕生はまだまだ先のことだった。

第2章　NEW YORK

●ルース移籍の内輪話

1919年（大8）、肩を少し痛めていたという理由もあったが、バーロウ総監督の考案から、ベーブ・ルースが投手の他一塁手、外野手などをやることになったのは前述のとおりである。果然ルースが大物をポカポカ飛ばし始めたので、球界の人たちは誰もが、打者としてのルースが大物であることに気がついた。

とりわけ、29本の本塁打を放った彼を大変気に入ったニューヨーク・ヤンキースのオーナー、ジェコブ・ラパートは遮二無二ルース獲得へと動いた。しかし、実はルースに早くから着目していたのは、後にヤンキース黄金時代を作り出した名監督ミラー・ハギンス（※19）である。

当時、ニューヨークのファンは、ジョン・マグロー監督（※20）の陣頭指揮ぶりに幻惑されていて、地味なハギンス監督が、黙々としてベンチの片隅に在るのを評して〝無能の監督〟と酷評していたのである。だが、ラパート・オーナーはハギンス監督の真価を知っていて、信頼していた。

ところで、ベーブ・ルースほどの新進有望選手を、なぜレッドソックスは手放したのか？という理由については一応詮索しておく必要がある。レッドソックスは1913年から1916年までジョセフ・ランニンがオーナーであったが、1917年からハーリー・フレイジーの代になっていた。

このフレイジーという人は、年少の時代にイリノイ州のペオリアで、ポスターを貼って歩く仕事をしていたが、若くして興行界に乗り出して成功したかと思えば、大失敗も、という波乱を幾度となく繰り返してきていた。彼は野球の知識がないので、エド・バーロウという、その道の識者を総支配人にしていたのである。

そしてレッドソックスの黄金時代に君臨したのだが、一方でやっていた芝居の方が不振であったから、金の必要性に迫られていた。そこでフレイジーはニューヨークに出てラパートを訪れ50万ドルの借款を申し入れたのである。ちなみにラパートはヤンキースのオーナーの他に、著名なラパート・ビール醸造会社の持ち主でもあり、フレイジーの狙いはまことによかった。

ラパートは50万ドルの借款を即座に承諾したが、その代わりにベーブ・ルースを譲れ、という条件が持ち出された。そこでフレイジーはすぐボストンに戻ってバーロウと相談した。するとバーロウは〝金が必要なのでしょう。ルースを譲りなさい〟と同意したのである。このあたりオーナーと総支配人の立場をよく尊重し合って、しかも呼吸がうまく合ったのは、実に見事なものである。

こうして、ベーブ・ルースのヤンキース行きが内部的に決定して、10万ドルとも、12万ドルとも伝えられる代償の受け渡しとなったのだが、これとは別にフレイジーは、レッドソックスの本拠地フェンウエイ・パーク(※21)を抵当にして35万ドルをラパートから借り入れた。10万ドルにしても、12万ドルにしても、これは当時におけるトレードの最高代償であった。レッドソックスにおいてのルースの本塁打がようやく注目を浴びてきたところへもってきて、この大金が彼一人のために支払われたのだから、世間での大評判となって、全米の新聞は第1ページにルースの記事を掲げて、球史未曾有の大騒ぎが始まった。

ヤンキースとの契約にあたり、ルースの俸給は一躍2万ドル（※22）になり、これも全米で大評判になった。

（※19）ミラー・ハギンス（Miller Huggins 1879~1929）右投左右打。身長167センチの小柄ながらレッズなどで13年プレーした内野手。その後1921年にヤンキースに初優勝をもたらした後、リーグ優勝6回、ワールド・シリーズ3回制覇。1964年殿堂入り。

（※20）ジョン・マグロー（Jhon McGraw 1873~1934）右投左打。オリオールズで2年、ジャイアンツで31年の監督生活33年。ジャイアンツでリーグ優勝10回、2位11回、ワールド・シリーズ3回制覇。16年間、選手兼任だったが、ここでも1308安打、打率・334の実績を残している。1937年殿堂入り。1913年（大2）、ジャイアンツとホワイトソックスの連合チームを率いて来日した。

（※21）レッドソックスの本拠地で、最も古く1912年（大1）に誕生以来、現在に至る。「アメリカで最も愛されている野球場」とも言われている。左翼94・5、右翼92、中堅118・8メートル。名物は10メートルもある左翼の「グリーンモンスター」と言われるフェンス。

（※22）当時アメリカのサラリーマンの平均年収は1000ドル前後だったと言われているので、2万ドルは評判になってもおかしくなかった。

●ホームラン・ベイカー

ところで、ベーブ・ルースがニューヨーク・ヤンキースに迎えられた当時は、必ずしも〝本塁打〟の名称を持っていたわけではなかった。ホームランというものは、その以前からすでにファンの人気に投じたものであることは間違いなかった。

当時のヤンキースには三塁を守るフランク・ベイカー（※23）がいた。彼は〝ホームラン・ベイカー〟と呼ばれ、その名は全米に鳴り響いていた。ベイカーは1908年（明41）から1914年（大3）までの黄金時代のフィラディルフィア・アスレチックスの猛者で、1915年からヤンキース移った。

そしてアスレチックスが1911年のワールド・シリーズでジャイアンツと対戦したとき、第2戦の6回、1対1の場面で打席に立ったベイカーは、一塁に走者を置いてジャイアンツの左腕名投手ループ・マーカードから本塁打を放ち3対1でアスレチックスに勝利に導いたのである。

同じシリーズの第3戦には、9回までジャイアンツが1対0でリードしていたのだが、ベイカーがホームランを飛ばして1対1にし、延長11回の末、ジャイアンツの名投手クリスティ・マシューソンを2対3の惜敗に泣かせたのである。

さらに、6日間休みの後に行われた第4戦は、ジャイアンツが4回まで2点を勝ち越していたのだが、またもベイカーが二塁打を飛ばし逆転の足がかりを作り、ついに4対2で勝ち彼の打撃によってアスレチックスは4勝2敗で優勝したのである。

それから〝ホームラン・ベイカー〟のあだ名は全米ファンの間に広まるのであるが、このホームラン王にしても1913年に飛ばした本塁打は12本が最高で、大リーグ生活合計96本に過ぎない。だから、ベーブ・ルースが1919年に叩き出した29本のホームランは、当時のファンにとっては、まさに目をむき出して大騒ぎするにふさわしい大事件だったのである。

これほど大評判となったルースのニューヨーク転出であるが、当時、彼は移籍を必ずしも喜ばず〝ボストンを離れるのはいやだ〟と言っていた。ベーブ・ルースもその頃はまだ子供らしい感傷に陥ったのである。

（※23）フランク・ベイカー（Frank Baker 1886~1963）右投左打。ルース以前のホームランバッターの三塁手。ヤンキース移籍後、ルースと2年間プレー。1911年から4年連続本塁打王の他、打点王2回。1955年殿堂入り。

●ルース最初の本塁打

話は少々後戻りするが、ベーブ・ルース一家と旅行をともにしているとき、私はルースが最初に本塁打を飛ばしたときと場所を聞いたことがある。するとルースは「忘れた」と答えた。だが、彼が大リーグの仲間入りした後の記録を調べてみると、それは明確にすることができたのである。

1915年（大4）（※24）5月6日、レッドソックスの投手時代のヤンキース戦だった。

場所はポロ・グラウンド。当時のヤンキースは自己のグラウンドがなく、ジャイアンツの本拠地を借りてホームグラウンドとしていたのだが、その右翼スタンドに打ち込んだのが、彼の大リーグ生活における第1号本塁打であった。

このときのヤンキースの投手は、ジャック・ワーホップであったが、ルース2本目の本塁打も、1ヵ月後に同投手から奪ったものである。それ以来、ワーホップは投手として芽を吹く機会を永遠に失ってしまった。

さて1920年、ルースがニューヨーク・ヤンキースのユニフォームを着て最初のシーズンに入ると、彼はポカポカと本塁打を連発し始めて、この年54本という当時としては超人的の強打でファンを喫驚させた本塁打が記録されたのであった。そして54本中、28本はポロ・グラウンドで打ち飛ばされたものであった。

ちょうどそのころ、私はニューヨークに滞在していて、大リーグ戦を見始めたが、当時のルースの放つ本塁打は本当に物凄かった。ルースは若くもあったし元気一杯で、渾身の力を込めて打ち出す彼のホームランが2階建てのポロ・グラウンドの屋上に並び立つ旗の上を飛び越して行くのは、何とも言えない壮快味があった。

ホームランを期待していた観客も茫然自失して、白球がスタンドの彼方に姿を消したとき、初めて我に返って歓声をあげた。そして、彼のホームランを見ようと、ファンがわんさとヤンキースの試合に押し寄せてきた（※25）。ジャイアンツのジョン・マグロー監督が次第に気をもみ始めたが、ヤンキースのラパート・オーナーは楽しかった。彼はビール会社に出勤するよりも、ポロ・グラウンド通いをする方が多くなった。

しかし、ベーブ・ルースは少しずつではあるが、我がままになってきた。にもかかわらずニコニコのラパートは、54本の本塁打を飛ばしたことによって、ルースの年俸を3万ドルにした。一方、この間にあってハギンス監督だけが、以前と変わりなく黙々としていた。ヤンキースが負けるとハギンスがファンから非難され、勝つとルースがファンからホメはやされた。それでもハギンス監督は少しも渋い顔を見せず、沈黙を守り続けた。やがて、この沈黙監督の偉いところが示されるのであるが、未だ一度もヤンキースはペナントさえ握っていないのである。

（※24）ルースが初本塁打を打った1915年の日本では、最初の全国中等学校野球大会（現夏の甲子園大会）が大阪・豊中球場で行われた。優勝は秋田中を破った京都二中だったが、プロ野球誕生はまだまだ先のこと――

（※25）ルースが54本塁打を放った1920年のヤンキースは、3位に終わったが前年

をはるかに上回る観客動員128万9422人の大リーグ新記録をマークした。

またルースはこの年、ボストンから妻のヘレンを呼び寄せ、ブロードウェーのエレガントなホテルに住むようになり、2人の新しいニューヨーク生活が始まっていた。

●著名人以上の名声

1921年（大10）になると、ルースは前年を超える本塁打59本を放ち、ファンにも球界人にも舌を巻かせた。これでルースはいよいよ〝本塁打王〟の折紙を付けられるし、〝ベーブ・ルース〟の名声はアメリカの著名人の誰よりも高く、一世を風靡して、ルースでなければ野球選手ではないように世間の人気が彼一人に集中した。

ヤンキースのラパート・オーナーは目先の利く大実業家だった。この調子で底知れない人気がルースに沸いてきたときには、10万ドルの年俸を出さなければなるまいと考えていたので、先回りして3万ドルの年俸を1シーズン5万2000ドルにして、この値で5年契約を結んでしまった。

アメリカでは選手の契約は、大概1ヵ年に決まっている。長い契約をすると、雇い主の方に大きな危険があるからだ。また、稀に長期の契約があっても、このルースとラパートの契約ができるまでは、3年以上のものはなかったのに、特別扱いのルースだけが米国球界でたった一人、こんなレコード破りの長期契約を結んだのである。その後も、こんな危険を冒しての契約を結ぶオーナーは一人もいない。つまりベーブ・ルースという選手は、人気の上からいってすでに恐るべき大きな存在になったのである。

アメリカの新聞は、スポーツ欄は勿論のこと、夕刊新聞になると一面さえデカデカとルースの毎日の打撃ぶりを書き始めた。

ルースがヤンキースに加わって以来、彼のバットから飛び出すホームランの数は、はるか昔のホームラン・ベイカーのそれを凌駕した。従って若きルースの名声は老いたベイカーのホームラン物語を圧倒し、ルースがこの1921年（※26）に59本という空前のホームラン記録を作るに及んで〝本塁打王〟の尊称はルースの独占的のものとなってしまった。

（※26）この年の6月にルースに家族が1人増えた。養女ドローシーを迎え入れたからだ。これで家族3人平和にと思われたが、それから数年後、夫婦間に亀裂が…

●アメリカ野球の革命

〝本塁打王〟ベーブ・ルースの登場以来、アメリカのベースボールは経営の上から見ても、野球戦術の上からも重大な革命を引き起こしたのである。超人的なルースの痛打に幻惑され、彼の人気に駆られて球場に集まってくるファンは、彼のホームランを見なければ気がすまなかった。

　長打1本によって、試合を転換させるスリルは、アメリカ野球ファンの人気を呼び、合理的な知的作戦に立脚した難解のベースボールよりも、長打によって無造作に勝負が決められる試合の方を好むようになってきた。言い換えれば、ルースの出現によって、野球作戦のことなんか深く解せぬ大衆、そして全く新しいファンが球場に群をなして集まるようになったからである。これらの大衆ファンは、眼前に展開される試合と、それを決める打撃の猛威を素直に受け入れて、ベースボールの快味を満喫するのである。

　従って、ベースボールを内面的に観測して是非を論じ、個々のプレーを批判しながらベースボールを愉しんできた玄人の野球ファンは、大衆の新しきファンに圧倒されて、彼らの独占を誇っていたスタンドの片隅へ押しつけられることになったのである。これがルースの出現によってアメリカの野球場において、一般ファンに与えた重大な変化であった。ひと言でいえば、ルースの出現はベースボールをより一層アメリカ人の間に人気のあるスポーツにしてしまったのである。

　一躍にして球界の寵児となり、そして全米ファン、大衆人気の中心になったベーブ・ルースが高給にありついたことは当然である。このことがまた各方面にも影響した。選手の誰もが従来の〝チョーク・ヒッティング〟という鋭く短く振る打法を捨て、ホームランを理想とする長打主義の〝スイング・ヒッティング〟に変わってきたのである。

大物を飛ばす者でなければ人気が沸かない、高給にありつけない。だから選手たちの機運もスラッガーになろうと鋭く大きくバットを振り始めたのである。この長打主義（※27）の気運が、従来の野球戦法に対して根本的の変動を起こさせた。攻撃においては盗塁やヒット・エンド・ラン、あるいは送りバントを基本とする繊細な作戦が次第に疎んぜられてきたのである。

ジョン・マグロー監督によって、古今の名選手と折紙をつけられたホーナス・ワグナー、あるいは一代の名選手タイ・カッブにしても、ルースの出現から起こった革命後の長打主義のルースらに対して、選手の価値が非常に低いものとなってしまったのである。ルースのホームランがもたらした変化は、このように大きな波紋を球界に投じたのであった。

（※27）長打主義についてタイ・カッブの証言
「ベーブ・ルースによって野球が、科学の野球から長打全盛の野球へと変えられたことを私は苦々しいことだと思っている。決して感心はしていない。しかし、個人としてのルースは、私の知る限り最も飾り気のない素直な男だった。最も多く人生を楽しみ、最も

大きな夢を青少年に与えた彼の素晴らしい才能に対して、私は心から敬意を表するものである」

●物を恐れぬ血気のルース

思いのままにホームランは打てるし、どこへ行っても非常な人気で迎えられるし、その上に金はふんだんに手許にあったから、ベーブ・ルースは楽しかった。しかも、彼はまだ若かったのだから、怖いものなしの血気にもはやった。

昔は大リーグの選手でも、あまり上等なホテルには泊まれなかったし、汽車の旅行でも寝台車さえも取れなかった。しかし、ジョン・マグロー監督が出てきて、アメリカのベースボールをグンと向上させ、選手の待遇を思い切り改善したので、1911年（明44）ころからは、以前とは比較にならぬほどよくなったものだ。

この待遇改善の勢いはいよいよ向上して、1920年（大9）ころになると、大リーグの選手は寝台車、それも列車の1両を貸し切って乗り込むし、各地を回るとホテルも一流中の一流とまではいかないまでも、まず有名ホテルに泊まったものである。

ところが、ベーブ・ルースは各地を回るときは、チームが取ってくれたホテルには決して泊まらなかった。たとえば、ワシントンに行くと一流の外交官、あるいは大実業家、著名人が泊まるホテル・ウイラードに部屋を取った。それも普通の寝室だけではなく、居室も付属しているスイートを取るのだから、1泊100ドル程度を払わなければならなかった。だが、ルースはそうしたことは少しも苦にしなかった。

一方、その頃、自動車熱が選手の間にはびこってきた。いい車、スピードの出る車を誰もが欲しがったが、当時はまだ値段が高かったので、普通の選手はそうした車はなかなか手に入らなかった。ところが、ルースが欲しいとなると、どの自動車会社も先を争って原価を切ってもグンと安く提供した。そしてルースは、車を思い存分走らせるスリルを満喫したかったのだ。

これは私の親友レフティ・オドールから聞いた話なのだが、その頃ルースは12気筒で200キロもスピードの出る車を持っていた。その日、ワシントンで右翼席に大本塁打を2本ぶち込んだルースは、上機嫌だった。その夜、ヤンキースはフィラデルフィアに移動するのだったが、ルースはこの車を自分で運転した。彼の右にはヘレン夫人がいたし、後部座席には自分（オドール）と新人外野手のフレッド・ホフマン、コーチのチャーリー・オリアリーが乗っていたが、フィラデルフィアまで50キロの距離というところで、150キロで走らせていた車は、急カーブを切り損ねて横転（※28）した。翌朝の各新聞のフロント・ページには〝ベーブ・ルースが自動車事故で死んだ〟と、デカデカと出た。

これにはハギンス監督が怒ったのは当然だったが、同監督にとってベーブ・ルースは苦労の種子ともなってきたのである。

（※28）この事故は1920年7月のことだったが、幸いにも全員無事。ルースもヘレン夫人も打撲傷を負った程度ですみ、ルースは翌日の試合にも出場した。

●ヤンキース初のワールド・シリーズ

さて、ルースが59本塁打を飛ばして本塁打王の栄冠を握った1921年（大10）の秋、ヤンキースはアメリカン・リーグ加盟以来、初優勝を遂げ晴れのワールド・シリーズに進出し、ナショナル・リーグのジョン・マグロー監督のジャイアンツと対戦した。ニューヨークにはもう一つブルックリン・ドジャースがあるが、この年初めて〝市内のワールド・シリーズ〟（※29）を行ったのである。

1876年（明9）に創設されたナショナル・リーグと、1901年創立のアメリカン・リーグとは同格の大リーグであっても、何かにつけ前者の古さが権威をふるったものである。とりわけ、ナショナル・リーグの中で最も収入を上げるニューヨークには、伝統的に強く、そして人気のあるジャイアンツがあったし、そのジャイアンツを率いるジョン・マグロー監督は、一世を風靡すると言っても過言ではないほどの大勢力を持っていた。彼の激しい気性と親分肌の気風、そして優れた野球術とがこの勢いを生んだのである。

だが、前に述べたように、1919年にベーブ・ルースがしきりに本塁打を叩き始め、しかもニューヨークに移ってきて一層の猛打を振るい出し、その勢いに引き連られてヤンキースがリーグ加盟（1903年）初めてのペナントを獲得すると、それまでニューヨーク・ファンの人気の大半を占めていたジャイアンツも、新興ヤンキースに押され気味となってきた。

それればかりではない。ルースのホームランを歓迎するファンは、ジャイアンツを謳歌する野球通よりも、その数をグッと増やしてきたのだから、この〝シティ・シリーズ〟を前にして、ヤンキースの方が強いという声が高かった。

この声はヤンキースとそのファンを喜ばせたし、売り出し最中のベーブ・ルースらは、もうワールド・シリーズに勝ったほどの意気込みであった。〝意気盛んになれば天にさえ勝つ〟という〝それをマグロー監督は恐れた。そしてニューヨーク・ファンの人気も恐れた。シリーズを失えばマグローの監督のベースボールはすたれ、伝統的なジャイアンツの人気は一夜にして地を払う危機もあるのだ。

そこでマグロー監督は、作戦上のことでいろいろ苦心工夫を重ねた。結果、ルースを締めつける意外にないと考えた。

10月5日から13日までポロ・グラウンドで8試合続けて行われたワールド・シリーズは、接戦を繰り返した末、5勝3敗でジャイアンツが優勝した。ホッとしたのはマグロー監督であった。

ベーブ・ルースは、ペナント・レース中は破竹の勢いを見せ素晴らしい当たりを示していたのであったが、いざ晴れのワールド・シリーズになると、緩球で膝のあたりを攻めるマグロー監督の智謀に巧くはかられ、6試合で1本の本塁打を飛ばしただけだったが、敗戦の非難はハギンス監督に集まったのである。

（※29）１９２１年のワールド・シリーズ（当時は先に5勝が優勝）でのベーブ・ルースの成績は、８試合中6試合に出場し、16打数5安打1本塁打4打点5四球、打率・３１３で、ファンに肝心の本塁打連発を見せることはできなかった。

また、このワールド・シリーズは初めてラジオで実況中継されたが、一方では１９１９年のワールド・シリーズでホワイトソックスの八百長（ブラックソックス事件）に関与した8選手が永久追放された。大陪審では無罪だったが、翌年就任したジャッジ・ランディス・コミショナーが再調査し決断したもの。これによって8選手は１９２０年限りで終わった。そのブラックソックス事件が映画になったのは『エイトメ

ン・アウト』１９８８年（昭63）。日本では未公開だったが、ビデオは発売され私（氏田）の手元にもあるが、今ＤＶＤ化されているのかは不明。

●1922年のワールド・シリーズ

１９２２年（大11）のヤンキースは、メキシコ湾を望むルイジアナ州のニューオーリンズで春のキャンプを張った。そして、その近くのテキサス州のサン・アントニオにはジャイアンツがトレーニングしていた。

私はこの年、初めて大リーグのトレーニング・キャンプを見学したのであるが、ジャイアンツは午前と午後の２回ずつ猛練習をやり、マグロー監督が躍起となって若い選手などを指導していた。一方のヤンキースは午後１回しか練習を行っていなかった。私はヤンキースが泊まっているウズベルトに宿泊したが、ベーブ・ルースの人気の盛んなのと、ヤンキースの選手の豪華生活に眼を見張らされた。

そしてシーズンが始まっておよそ５、６週間たってもヤンキースの外野にベーブ・ルースとボブ・ミューゼルの花形２選手（※30）の姿が見えず攻撃力は低下したが投手団が強化されていたので、覇者の貫録は失っていなかった。

試合に出られなくても、ルースはヤンキースのベンチの上に姿を見せた。そんなある日、一人の悪いファンがルースに悪口を飛ばしたので、ルースは怒ってアッパーカットの一撃を食らわせたのを私は目撃した。ルースに味方するファンが押し寄せて、しばらくの間、球場が混乱し、審判のトム・カノリーが中に入ってやっと試合を再開した。

翌日の新聞を見ると、ルースがアメリカン・リーグのバン・ジョンソン総裁から200ドルの罰金を科せられた、と出ていた。この頃からルースと罰金は、切っても切れない仲となった。審判員に食ってかかったり、車のスピード違反、ヤンキースのトレーニング・ルール（選手規定）を破ったりなどが罰金の種であった。

ハギンス監督も一度ペナントを握ってからは、グンと権威がついて尾ビレを張ってきた。だが、人気の焦点にあるルースをどう扱うか——彼は依然として沈黙を守った。

この1922年のルースの本塁打は35本と急落した。ヤンキースに加わって以来の2年間の打率も・376、・378だったのに・315に落ちた。だが、投手力の堅固に物を言わせて、ヤンキースはペナントを握り、再びジャイアンツとワールド・シリーズで戦うことになったのだが、一度引き分け試合を演じただけの4敗で、またしても世界一を逸した。なお、この年から先に4勝した方が優勝と決められた。

このシリーズのルースは2安打を飛ばしただけで、打率は・118、本塁打は1本も打てなかった。この年もまたヤンキースとルースはマグロー監督にしてやられたのである。だが、ジャイアンツはヤンキースの人気が恐ろしくなってきていた。オーナーのチャーリー・ストンハムは、ヤンキースがポロ・グラウンド以外に、なるべく早くホームグラウンドを持つことを提案していた。これに対しヤンキースのラパート・オーナーもベーブ・ルースの人気を擁して新しい球場建設を進めていたのである。

（※30）開幕してもルースの姿がなかったのは、前年のワールド・シリーズ終了後にルール破りの地方オープン戦に参加したからだった。厳格で定評のあるランディス・コミッショナーが、ルースとミューゼルを容赦なく1922年の開幕から5月20日まで出場停止処分を下したからだ。

●1923年のワールド・シリーズ

ジャイアンツも強かったが、ヤンキースも強かった。そして両チームは3年連続リーグのペナントを獲得して、1923年（大12）の秋、4月18日にレッドソックスを迎えて開場したヤンキー・スタジアム（※31）と、ポロ・グラウンドで交互にワールド・シリーズを争うことになった。

今度はベーブ・ルースのヤンキースが強かった。力ばかりでない。ルースも利口になっていた、マグロー監督計画の裏をかき見事3本の本塁打をジャイアンツに浴びせた。これによってヤンキースは初めてワールド・シリーズに快勝し、2年連続敗れた不名誉をやっと取り返した。さすがのマグロー監督も、ルースに完全に一泡ふかされたわけであるが、ルースはマグロー監督下の投手陣がスローボールを内角に投げてくるのをすかさず叩きまくったのである。

この1923年には、前年のスランプに発奮したルースは、うんと頑張った。ホームランの数は41本にすぎなかったが、打率においては・393に達した。この年はデトロイト・タイガースのハリー・ヘイルマン（※32）が・403を上げたので、ルースは惜しくも首位打者を逸したが、この・393はルースが生涯に作り出した最高打率であった。

その上にワールド・シリーズでも7本の安打を飛ばして・368をあげているし、その中の3本は適時ホームランとなって、宿敵ジャイアンツを粉砕し、4勝2敗で前2年の敗亡《はいぼう》の不名誉を見事雪辱したのである。

（※31）ハーレム川を挟んでポロ・グラウンドの真向かいのブロンクスに、当時としては法外な250万ドルで〝ルースが建てた球場〟と言われる「ヤンキー・スタジアム」が完成したのは1923年の春。そのオープニング・ゲームは4月18日だった。相手はル

ースの古巣レッドソックスで、観衆は驚きの7万4217人。その大観衆の中ルースは4回裏、ライトスタンドに同球場第1号の3ランホーマーを放った。試合もヤンキースが4対1で勝ったのだが、実は球場名を「ルース・フィールド」という声も上がっていたが、ラパート・オーナーの決断で「ヤンキー・スタジアム」になったのだという。

その後、同スタジアムの隣接地に現在のスタジアムがオープンしたのは2009年（平21）4月16日。そして、ワールド・シリーズで松井秀喜がMVPになったのもこの年だった。

（※32）ハリー・ヘイルマン（Harry Heilmann 1894~1951）右投右打。タイ・カッブとともにタイガースで活躍した外野手。首位打者4回の他、打率3割9分以上3回、通算打率・342。1952年殿堂入り。

●生涯一度の首位打者になる

1924年（大13）（※33）もベーブ・ルースにとって、さして悪い年ではなかった。本塁打は46本と上進したし、ちょうど200本の安打を飛ばして打率・378で首位打者となった。この名誉は、さしもの本塁打王も後にも先にも生涯たった一度のものである。

だが、ヤンキースは2位でシーズンを終えた。一方、前年のワールド・シリーズでヤンキースに敗れたジョン・マグローのジャイアンツはこの1924年も優勝して、4年連続ナショナル・リーグのペナントを握ったが、シリーズでは大接戦の末、3勝4敗でワシントン・セネタースに敗れた。

そしてマグロー監督は、他のいずれの監督も作り得なかった4連覇と、通算10回のペナント獲得、さらに3度のワールド・シリーズ優勝を記録した、この1924年のペナントがマグロー監督にとって最後のものであった。そしてジョン・マグロー時代から新しいベーブ・ルースの時代に生まれつつあったのである。

マグロー監督は1921、22年と続けてヤンキースを破り、ベーブ・ルースを抑えつけはしたが、新興のヤンキース、とりわけ新進飛躍のルースをいつまでも抑え切れなかった。それはルースの作り出した〝本塁打時代〟という新しいものが、すでに過去の人になりかかっていたジョン・マグローから離れて建設されつつあったからである。

ジョン・マグロー監督はベーブ・ルースを恐れた。その本塁打威力を恐れたのではない。彼の作り出した新しいファンがマグロー監督を置き去りにして、ルースの身辺に集中したからである。

なにはともあれ、ジョン・マグロー監督とベーブ・ルースという新旧時代をそれぞれ代表する〝巨匠〟と〝偉人〟の争いは1923年を以って終止符が打たれたのである。そして、一度は屈伏させられたルースは、見事に雪辱を遂げている。だがそのルースは、この1924年を過ぎてから〝気まま〟から〝我まま〟へと進展して行った、そして1925年には、彼にとって一生に一度の重大ピンチに見舞われるのである。

（※33）1924年は日本なら大正13年で、この年の8月に阪神電鉄が建設した「阪神甲子園球場」が完成。しかし、当時は両翼110、中堅119、左中間、右中間128メートルというとてつもない広さだった。そして現在の選抜高校野球が始まったのもこの年のことだった。同球場はその後、ラッキーゾーンを設置したりして改装をくり返し、現在は両翼95、中堅118メートル。

●ピンチを救う恩師

アメリカ人にして大統領の名を知らない、というような不心得者は一人もいない。が、副大統領となると、平素はあまり表面に立たないので、時に度忘れをしていることがあるが、ベーブ・ルースとなると、その名を知らぬ者は一人もいないほどに、アメリカの隅々まで行き渡った。

そのころやっと26歳のルースは、しっかりしていても未だ若かった。彼には、試合にさえ出れば必ず5万2000ドルの年俸にありつけるという、油断の虫が心の中に食い込んで行った。アメリカ第一の人気者という高慢心も起きて、彼の私生活は次第に荒んでいった。一日に10度も食卓について暴飲暴食をしたり、夜を徹して踊り狂ったり――

こうして5万2000ドルの年俸と、それから彼が気まぐれに買った広大な農園なども、すべてがこの歓楽の代償として吹っ飛んでしまった。

こうなると、若いルースは焦れてきた。本塁打王の誇りさえいつしか失いかけて、ただの安打さえも飛ばせなくなった。かつては人並みはずれた54オンス（約1・5キロ）の重いバットを軽々と振り回せたものが、肉体の凋落によって、40オンスのバットを振り回すことさえ息がはずんだ。そして、審判員と喧嘩もすれば、自分の上司でもある監督とも衝突した。

こうして焦れたとき、ルースはこっそり、一人更衣室に戻ってきて、そこらに散在しているスパイクシューズを手当たり次第に釘付けにするのがせめてものうっ憤晴らしであった。

ある日の試合に彼は2度も三振して、腐りぬいたあげく、更衣室に飛び込んだ。そして、そこにある靴に金槌を振り上げたとき、

「ジョージ」

と、背後から静かに呼びかける人がいた。見ると恩人ギルバート師がいつに変わらぬ優し

い微笑をただよわせながら、ルースを見入っているのだった。

ギルバート師は何も言わなかった。ただ本当に懐かしそうな眼で彼を見守った。ルースはギルバート師の膝下にぬかずいた。その瞬間、ボルティモアの、あの裏通りの薄暗いアパートと、今は亡き父の姿と、セント・メリー学園の礼拝堂とが、ほとんど一緒になってルースの瞼に浮かび上がった。

「おう！ブラザー・ギルバート」

と叫んだ彼には悔恨の情があふれていた。

「もう何も言わなくてよろしい。神様は決して君を見捨ててはいない。ジョージよ、神に祈りなさい」

と、ギルバート師は固くルースの手を握った。これは1925年（大14）の秋の出来事であった。

この年のルースはわずか25本の本塁打という大スランプで、まさに危機一髪の人生のピンチだったのだが、ルースのためにわざわざボルティモアから出てきたギルバート師によって、彼は再び人生の光明を取り戻し、雄々しくも競争激甚の野球界に躍り出て、猛烈な勢いでバットを振り回しはじめるのである。

●ハギンス監督の一撃

ここで、ハギンス監督とベーブ・ルースの仲について述べておく必要がある。ルースに最初着目したのはハギンス監督である。そして、ルースの天才を存分に発揮させようとしたのもハギンス監督である。その上に寛容なハギンス監督はルースを愛し、大概のことは大目に見ていた。

だが1925年（大14）当時のルースは未だ若かったから、監督の愛護、努力、任務、権威というものさえ無視して、勝手気ままに、そして次第に乱行にまで荒んで行ったのである。ルースは気の向くままに暴飲暴食。そしてついに健康を害した（※34）。あるとき、彼はプラットホームで倒れさえした。翌日の新聞は〝ベーブ重体〟と報じた。このように、ルースのことを各新聞は大げさに取り上げもしたが、事実ルースの生活は大変に荒んでいた。

それでもルースが、よく打ち、よく走り、よく守っていたならば、その前にもしばしば例があったように、ハギンス監督は黙して何も言わなかったであろう。単にルースばかりだけではなく、ルースに倣ってチーム全般がダレてきたのである。

そこで、ハギンス監督はようやくにして沈黙を破り、選手を叱責しはじめた。当然それはルースの頭上にも飛んだ。するとルースは、ハギンス監督がラインアップを変える非を鳴らしたり、ピンチヒッター起用の拙劣《せつれつ》を難じたり、投手起用の拙さを批判したりするようになり、しかもそれは感情の疎隔《そかく》を生んで、いよいよ悪化の一路を辿った。

ルースの方はスランプとは反対に頭脳の方がふくらみ上がって、ハギンス監督を見下すようになってきた。ラパート・オーナーの無限の庇護を頼み、ハギンス監督に一泡ふかせようとまで企てたのである。こうなるとルースの行為はもはや無邪気とか、子供っぽいとかを以って律することはできない。野球チームにありきたりの謀反である。

で、ヤンキースがセントルイスに滞在中のある日、投手のウエイト・ホイットが遅刻したのをハギンス監督が咎めると、ルースが口を差し挟んでホイットに加勢するばかりでなく、一歩進んでハギンス監督に逆襲したため、耐えかねたハギンス監督は、ルースに5000ドルの罰金と無期出場停止を命じた。真っ赤になって怒ったルースは、すぐさまニューヨークに帰って行った。

この結末は、ベーブ・ルースがハギンス監督に陳謝して、チームがヤンキー・スタジアムに帰ってきたときから出場した。それからは本当にハギンス監督に心服したのである。ラパート・オーナーはルースを決して溺愛しなかった。だからヤンキースは翌1926年からの第2次の黄金時代を作り出したのである。


（※34）ルースはこの年（1925年）、開幕前に体調を崩し5月からやっと戦列復帰

するなど例年にないピンチに見舞われた。体調不良の原因は、遊びと暴飲暴食による体重増だったとも言われ、そのため出場試合も100試合を切る98試合。そしてヤンキースは8チーム中の7位に転落してファンを泣かせた。

一方、この1925年といえば、ヤンキース入団3年目のルー・ゲーリッグが控えからレギュラー一塁手を手にし、この年の6月2日から14年間休むことなく2130試合連続出場の大リーグ記録を樹立した（後にオリオールズのカル・リプケンに破られたが）。

★ルー・ゲーリッグ（Lou Gehrig 1903~1941）左投左打。三番ルースで四番が一塁手ゲーリッグだった。三冠王1回、首位打者1回、本塁打王3回、打点王5回、通算打率・340。1939年殿堂入り。ニックネームはアイアン・ホース。高校時代は〝ハイスクールのベーブ・ルース〟呼ばれた強打者だった。1931（昭6）、34年に来日。2130試合連続出場でストップしたのは、筋萎縮性側索硬化症という難病にかかっていたためだった。そのため引退を余儀なくされ、死亡したのは38歳のときだった。

そういえば、そのゲーリッグが日本製（ミズノ）のファーストミットも使用していたことが新聞で報じられたが、その日本で東京六大学野球が結成されたのもこの年（1925年）だった。

第3章　HOME RUN & HOME RUN

●ベーブ・ルースの復活

私（鈴木）の4度目のニューヨーク長期滞在が1926年（昭和1）2月から始まった。その頃のルースはフロリダでトレーニングに余念がなかった。更生を誓ったルースは大精進を続けて活躍し、この年47本のホームランを飛ばして、再び人気を取り戻したばかりでなく、彼のこの大活躍でヤンキースを優勝に導いた。

そして、この年のワールド・シリーズはセントルイス・カージナルスと対戦したのだが、稀代の老かい名投手グローバー・アレキサンダー（※35）に、さすがのルースも手も足も出ぬまでに抑えつけられ、本塁打はもちろん、このシリーズでは彼から1本の安打さえ奪えなかったのである。

シリーズの後、アレキサンダーはルースに対して「ルースを無安打に終わらせたからといって、自分は格別名誉とも思っていない。注意して投球しさえすれば他の投手の誰でも、彼の長打を抑えることができる」と話し、さらに「スクリューボールとスローカーブを主としてインサイドの膝のあたりを攻めつけ、ときどき彼の視覚を撹乱させるために、速球をホームベースから外れるボールにして投げた」と言うのだった。

このシリーズ中ルースに3本の本塁打を見舞われたのはレームとベルの2投手であったが、コントロールを失したばっかりに、老巧アレキサンダーの教えたルースの欠点に投げ込み損じて、逆にルースに思う存分快打されたものであった。ルースを完全に牛耳ったことによって、アレキサンダーはシリーズ3試合に快投してカージナルスを優勝に導き、またそれによって、彼は後に比類なき賞讃を受けた。しかし、彼とルースの競争は、ルースとマグローの場合の如くこれを以って終局とはならなかった。ルース雪辱の場面が次に出てくるのである。

（※35）グローバー・アレキサンダー（Grover Alexander 1887~1950）右投右打。大リーグ1年目（フィリーズ）でいきなり28勝をあげ最多勝など、カブスやカージナルスで活躍。通算373勝208敗、防御率2・56、最多勝6回、防御率1位5回。1938年殿堂入り。

一方、以前からルースとヘレン夫人との間には溝ができていた。そして、この1926年を最後に夫婦として一緒に暮らすことはなかった…

●研究の末に名投手を破る

ルースはアレキサンダーにスクリューボールとスローカーブで、膝のあたりを攻められた。

ルースが不振であると、ヤンキース負けるのであるが、果たして1926年もヤンキースは惜敗した。

ベースボールにかけては人一倍研究心の強い、そして負けじ魂のルースは、昔からへこまされたままで引っ込んでしまうような選手ではなかった。

〝よし、必ず復讐してみせる〟と叫んで、アレキサンダーに対しての復仇の機会を狙っていた。そして1年置いて1928年（昭3）に、またヤンキースはカージナルスとワールド・シリーズで顔を合わせた。

ヤンキースの攻撃の中心は以前と変わらぬルースであり、老雄アレキサンダーもまたカージナルス投手団の主軸投手であった。2年の間、臥薪嘗胆《がしんしょうたん》したルースは、その健棒《けんぼう》に一層の磨きをかけて晴れの試合を待った。

アレキサンダーがベストフォームではなかったとしても、第2戦では1本のシングル、1個の四球（アレキサンダーは中途でノックアウトされた）を得、第4戦ではリリーフのアレキサンダーにホームランを見舞って、完全に2年前の仇を返したのであった。

このシリーズ4試合で、ルースは3本の本塁打を放ったが、そのうち2本は左利きのスローボール投手ビル・シャデールの投球を打ち飛ばしたものであった。試合後、シャデールは「彼の欠点とするインサイドの低めに、スローカーブを投げ込んだが、完全に長打されてしまった」と語った。こうしてルースはアレキサンダーの説く欠点も、2年にして彼の得意とする箇所と変えてしまったのである。ルースの如き天才の真剣な研究と努力ほど恐ろしいものはない。

このようにして、名投手アレキサンダーによって、一度は完全に屈伏されながら、ベーブ・ルースは自分の打撃をさらに一層洗練することによって、欠点を逆に得意の箇所とまで変わらせ〝近代の長打法は、名投手をも粉砕する〟を示したのである。

何はともあれ、ギルバート師に更生を誓ったルースは、身体の鍛錬に一層の注意をして、一意専心ベースボールに精進した。その甲斐があって、1927年には60本（※36）という空前の、そして、恐らく絶後であろうところのホームラン・レコードを作った。これでルースの球界における信用も回復するし、ファンの人気は一層沸騰してこの巨星の一身に集中された。

そして、この1927年にはまたまた年俸が上がって、1シーズン7万ドルで3年契約が結ばれた。

（※36）ルースの60本は1961年（昭36）、ヤンキースのロジャー・マリスが61本を放って破られた。が、ルースの151試合に対しマリスは161試合、しかも最終戦で

放ったもの。当然ながら打数もルース540、マリス590というように大きな差があった。もしルースがマリスと同じ条件だったら、あと2、3本打っていた？

●ベーブ・ルースの長打法

球界に革命を起こしたベーブ・ルースの打撃は彼独特のものであって、昔は悪い型だといったスイングを平気で行った。彼のスタンスの取り方をみると、右足をバッターボックスの中央、ホームベースから12センチほど離れたところに置き、左足は半分ほど右足から斜め後方に引いて、重心を左右両足に置いて立っている。

会心の当たりが出ないときには、バッターボックスの捕手寄りに位置し、投手の投球モーションと同時に、投手板に近くステップして打つ場合もあるが、普通のときの彼のスタンスの取り方は前述の通りである。

バットは左の肩に軽く置いて右の肩がやや高く、右腕は正面から見ると美しく直角に曲がって、バットの端を握っている。左手は右手に密着して、両手はむしろ緩いと言った方が適当なほど軽い握り方である。

彼のスイングはルース自身、ゴルフ式スイングだ、と説明する通り、地面と平行にバットを振らず、斜めに上空を切って振るのである。彼は、あの巨大な体を一杯に振り回して、打撃の動作を起こすのであって、インサイドの球を空振りした後には、ホームベースを背にして2本の足を捻らせた、何人も真似のできぬ美しいポーズが生まれるのである。

いい当たりの出た瞬間、彼の体は一塁に向かって35度くらいの傾斜を示し、そのまま一塁に走るモーションを起こしている。スイングの終わったとき、右足に重心を移して十分に打球をフォロースルーしながら打撃動作を完了するのである。

ルースが打席に立った場合、彼が引っかけて打つ右方向への安打に備えるため、相手方の外野手は全体に右翼方面に移動（※37）する。すなわち右翼手はファウルラインに近くグラウンドの隅に立ち、中堅手は普通の右翼手の立つ位置に近いところに、左翼手が中堅手と左翼手中間の位置まで動く。

内野手がこれに準じて動き、かつ守りを深くすることはもちろんあるが、ルースは平気で外野手を集中した方面に向かって、彼の満身の力をこめたヒットを浴びせかけるのである。前に述べたように、彼のスイングが斜め上空に向かって切られる結果、彼の打つホームランは、思い切り高目に飛ぶポップ・フライ性のものが多い。しかし、飛球の距離においてまったく他の選手の追従を許さぬものがあり、遠慮なく大球場の柵外に飛び出してしまうのである。

（※37）守る側の外野手は極端な右寄りというのは、いわゆる〝ルース・シフト〟だが、それでもルースは左方向に流し打ちのセコイことはしなかったという。これは〝世界のホームラン王〟王貞治（巨人）も同様で〝王シフト〟だからといってレフト方向に流し打ちすることはなかった。

●タイ・カッブとベーブ・ルース

一つの時代――それは1900年（明33）の初めから1925年と言ってよかろう。それを代表する一世の名選手タイ・カッブと、次の新しい時代を作り出した〝野球の偉人〟ベーブ・ルースは、互いにその技術を尊重し合っている。にもかかわらず、球場に並び立つと必ずしもそうではない。

碁敵《ごがたき》の憎しみである。別れていると互いに名人の手練を尊重したくなるのだ。圭角《けいかく》を持つカッブは、衆人環視のグラウンドにおいてさえ、遠慮なくルースと正面衝突をやる。ルースも負けずに応酬するが、磊落《らいらく》の彼はカッブをアメリカ球界の生んだ最大プレーヤーと呼び、またカッブの打法を最も自然的かつ科学的に鍛錬されたものと尊敬している。そして、ルースに打法を問う者があれば、彼は〝常にカッブを手本にせよ〟と教えている。

こうなるとカッブの方も〝俺の打法はもう新時代ものではない。これから大リーグに花を咲かせようとする若い選手は、ベーブ・ルースの打法に従って研究すべきだ〟と常に若い選手に説くのである。

ルースは青少年に〝チョーク・ヒッティング〟（※38）を説くばかりでなく、この短振強打法をよく会得していて、左翼方向に安打して相手方を面食わし、また思いがけぬときにバントして敵の守備の裏をかくこともたまにある。ホームランを打つことが彼の本領だが、これが彼の名声の起源でありまた身上であることを熟知している彼も、チーム全体の利益のために時にチョーク・ヒットやバントの必要性を知って練習の功を積んだものである。

また、こういうように、打撃において完全な技術を備えなければ、決して〝強打者〟とは言えないのである。強打者とは、強く遠くへ飛ばすばかりが、その資格ではない。どこを衝かれても欠点がなく、必ず安打できるというのが強打者の本質なのである。

だが、ベーブ・ルースの本質は別にある。何としてもホームランを打つことである。ルースはこの強打者の本質と、本塁打の本領を実によく心得ている。

これは私にしみじみ語ってくれたことであるが――「自分がリーディング・ヒッターになろうと思えば、毎年そうなれたと信じている。自分の右翼打ちに備えて左翼方面をがら空きにしているところを狙えば、6割以上の打率をあげられたからだ。だが、自分が幾度首位打者になったところで、それは自分だけの名誉であるばかりで、アメリカのベースボールにたいしてためになるものではない」――これは1934年（昭9）、日本に来るとき、エムプレス・オブ・ジャパン号での船室夜話の一説である。

（※38）チョーク・ヒッティング（choke hitting）バットを短く持って打つこと。長打は多くないが、バランスがよく打率向上につながるとも言われる。実際、タイ・カッブはこれで成功した〝打率王〟だが、本塁打は24年間4191安打のうち118本と少なかった。

●愛用バットが折れて泣く

この辺でベーブ・ルースの愛用バットについて述べておくことにしよう。

子供たちの仲間入りをして遊ぶことを好む彼は、乗馬も好きである。ゴルフや釣りの如きアウトドア・スポーツもやれば、ポーカー、ブリッジ等のカード・ゲームを好み、ミュージック、ダンス等のインドア・スポーツも好きである。しかし、何といっても野球は彼の生命である。そして、最も愛するものは彼の使用するバットである。

ブラック・ベッシーというブルーネットが彼の最初の〝愛人〟であった。愛人いってもこれは女性ではなくして、彼の愛用するバットに与えられた名称である。ルースが1921年

（大10）にシーズン59本のホームラン記録を作って、世人をアッと驚嘆させたのは、この愛人ブラック・ベッシーであったが、翌年のシーズン初め、このベッシーは試合中に折れてしまった。そのときルースはさめざめと、この愛人の死を嘆いたのである。ベッシーを失ったこの年のルースのホームランは35本に低下したのも奇しき因縁である。

その次に彼が手に入れた会心のバットには、ビック・バーサーと名付けた。このバーサーは前のベッシーと反対にブロンドで、材はアッシであった。それからさらにタイティアン・タイプの巨大なるバットである、ビューティフル・ベラというのがルースの好むバットに加えられた。

1927年（昭2）、彼が60本のホームランを飛ばして、彼自身が作った1921年の59本のレコードを破ったとき、シーズンを通して愛用したのは、このバーサーとベラであった。

●練習バット37本

ベーブ・ルースが練習地に出かけるときには37本のバット（※39）を持って行くことに決まっている。どういうわけで37本と半端な数のバットを持って行くのかわからないが、何か特別の理由があるのだろう。その中から次第に手ごろなものを選んで、およそ1ダースほどのバットを用意してリーグ戦に出場する。

製造元でも念を入れて選り抜きの良材から彼が気に入るようにバットを作るためか、彼は滅多にバットを折ることがない。ルースに言わせると、試合のときバットを折るような選手は、平素の心がけの悪いへボ・バッターだと言うのだ。

バットを折ることは少ないが、ルースは会心の当たりが出ないときは〝このバットが気に入らない〟と言ってどしどし捨ててしまう。この捨てられたバットがファンの眼のつけどころで、記念と称して彼らは引っ張りだこで奪い合いをする。そして、ある慈善団体の基金募集のために他のスポーツ選手のラケットやドライバーなどが競売されたことがあるが、ルースのバットが最高で1本300ドルで売れたこともある。

また、ルースは打撃中、偶然にバットを折ることはないのだが、時に気に入らないとバットを握って地面を殴りつけ、自分からそれを割ってしまうことがある。1試合に3度目の三振を食わされたときには、癇癪玉《かんしゃくたま》を破裂させて、バットをホームベースに叩きつけてポキリと折ってしまったこともある。

が、しかし平常のルースはバットを非常に可愛がっている。気に入ったバットは、決して他人の手にかけないで、牛骨を取り出しては自ら15分でも20分でも、気のすむまで次から次ぎへと磨きかけておく。そしてリーグ戦が始まると、気に入ったバットの中から7本を引き抜いて試合に出かけて行く。7本とはラッキー・セブンの縁起をかつぐものだ。

（※39）ルースは日本では考えられないような重いバットを使用していた。王貞治（巨人）は920グラム前後だったが、ルースは1400グラム以上のものを振り回していた。現在、日本のプロ球界で1キロ以上のバットを握る選手はほとんどいない。

●計算できない車の罰金

さて、ついでにベーブ・ルースの32、3歳の若かったころの趣味を述べておこう。

魚釣りや狩猟も彼の好きなスポーツである。若いときに自動車を自ら運転して速度の出し過ぎから罰金を申し付けられたことは、恐らく1年に数百ドル、あるいは数千ドルに上ったことさえある。この偉人には車の速度制限など眼中になく、罰金という金銭の問題もまた意中になかった。磊落《らいらく》そのものの如き〝ビッグ・ボーイ〟なので、こうした細かいことには天衣無縫《てんいむほう》という生き方であった。

ルースがシーズン後にゴルフを楽しむのを見ていると、バットのスイングそのままの要領でティーショットを打ち出す。少々不器用の嫌いはあるが、正確で距離の出ることがプロも時に及ばぬほどであるが、小距離のアイアン・ショットもなかなか巧みで、味のあるプレーを見せる。やはり、彼のゴルフには〝金と時〟がふんだんに費やされている上に運動神経も発達しているからである。

彼がインドアのゲームとしてカードやダンスが好きだし、ジャズを愛好する点は、近代のアメリカ人の趣味嗜好を代表するものであって、若いときには彼自身サクソフォンを習うなどして得意であった。あの巨大な身体で他愛もなくサクソフォンをブカブカ吹く格好は、まさに天下の奇観で大変な愛嬌であった。

現役から退いても、ベースボールとベーブ・ルースは切っても切れぬ仲である。彼はどんなときでも野球を忘れてはいない。ただ、あの巨体（※40）の健康を保つためと気分転換のためにしきりとゴルフ通いをしていたのである。


（※40）身長約187センチのルースの体重は、1920年（大9）以降は100キロを下回ることはほとんどなく、103~108キロだったという。胸回り109、ウエスト125、ヒップ119センチというような時期もあり、ウエスト、ヒップが胸回りを上回っていたのが特徴だった。

●ルースが建てたヤンキー・スタジアム

ベーブ・ルースの試合を見に行くファンの大部分は、試合そのものよりも、ルースのホームランを期待して出かけて行くのだ。しかし、ルースだって人間だから、打席に立つごとにホームランを飛ばすわけにはいかない。凡飛球を打ち上げることもあれば、投手ゴロに終わることもある。また、ものの見事に三振を喫せられるときもある。

ところが面白いことには、ルースのホームランを期待して集まってきたファンが、ルースがクルッと三振したのを見ると大歓声を上げて喝采する。本塁打を飛ばして喝采される選手はたくさんいるのだが、三振させられて喝采を受けるのはベーブ・ルースたった一人だ。彼は三振でもファンを熱狂させる不可思議な魅力を持っている。

ところで、3階建てのヤンキー・スタジアムは5万5000人の収容力を持っていて、日本流にギッチリ埋めたら9万人は入れるだろう。1923年（大12）に新築されたが、その後スタンドの増築などがあって大枚500万ドルの費用がかかっている。このアメリカ第一の球場を指してファンは〝ルースが建てた球場〟と呼んでいる。

実際、建築資金はヤンキースのラパート・オーナーが出しているのだが、ルースの人気を売り物にして儲けた金で築き上げた球場だ。そういう意味で〝ハウス・オブ・ベーブ・ルース〟と呼ばれるわけなのだ。1本のバットからこれだけの大建築を物にした選手は無論他にいないし、金儲け専門の実業界にも例が少ない

さてアメリカにいれば、いつでもどこでもベーブ・ルースのホームランが見られると思わ

れるかもしれないが、大リーグ・チームの所在地、たとえばニューヨーク、ボストン、フィラデルフィアといったような東部の大都会か、ヤンキースが毎春、行きつけの練習地でもなければ、容易にルースの快打を見ることはできない。だから、地方の野球ファンは、平素憬してているルースの試合を見に行くとなると、親父は日給をフイにし、細君はヘソクリを絞り出し、子供は貯金を引き出して、村からも山の中からも泊まりがけで都会に出て、ルースの本塁打を見ようとするのだが、あてにしていたホームランが見られないでも、ルースを遠くからでも見たというだけで満足して、また山の中へ帰っていくのである。

●特大本塁打の数々

ルースとしては、せっかく仕事まで休んで遠くから出てくるファンに得意のホームランを見せてやりたいと思うのだが、そういうときに限って1本も打てないものだ。しかし、当たり出したら最後、連続ホームランがいつ止まるのかわからないような物凄い調子のときもある。

私が1926年(昭1)にワールド・シリーズを選手と一緒の列車で、ニューヨークからセントルイスまで出かけて見物したときのこと。それはシリーズの第4戦だった。第1打席でルースはカージナルスの速球投手フリント・レームの投げ込んだ球をあっさり右翼観覧席に打ち込んだ。２打席目も同じレームがムキなって投げ込んだ速球を右中間に叩きつける本塁打。さらに交代した投手ハイ・ベルの一投を見事に中堅スタンドに叩き込んだ。これで３本続けざまのホームランを飛ばしたわけだが、３本目は５００フィート（約１５２メートル）飛んで、カージナルスのスポーツマン・パーク開場以来唯一の大物であると聞かされた。

ルースが頑張ったヤンキー・スタジアムの本塁から一番遠い地点は、中堅後方に立つ旗竿の、そのまたちょっと後方であるが４９０フィート（約１４９メートル）ある。右中間スタンドの後方にスコアボードがあって、その下からおよそ70段の座席を降り切った地点が、本塁から４２９フィート（約１３０メートル）離れている。私はルースがこのスコアボード直下のスタンドに凄い奴を１本打ったのを見ているのである。

ヤンキー・スタジアム完成以前、ヤンキースはジャイアンツのポロ・グラウンドを使用していたことは前述の通りであるが、ルースが本塁打王として栄冠を頂いたのはポロ・グラウンドである。１９２０年（大９）から１９２２年にかけて、彼の脂の乗り切っていた時代に、２階建てのポロ・グラウンド右翼観覧席の屋根に20フィート（約７メートル）ほどの旗竿の上を越す大本塁打（※41）もまた私は見ている。

ポロ・グラウンドの右翼２階屋上の旗竿までは地上からおよそ１２０フィート（約36メートル）もあるのだが、その頃23、４歳で血気盛んだったルースは、会心の当たりさえすれば、球はあっさりポロ・グラウンドの2階屋上を越えて行ったものである。

もう一つ私が目撃した、普通なら大本塁打になるべきでかいやつがある。それは1922年のワールド・シリーズで、ベーブ・ルースが叩いた大飛球が、ポロ・グラウンドの中堅後方にあるクラブハウスのところへ伸びて行った。それを追ったビル・カニングハムが、クラブハウスへの階段を2、3段昇って辛うじて捕ったのだ。後にこの飛球は482フィート（約147メートル）と記録された。

このファインプレーをやってのけたビル・カニングハムは、私の持つアメリカ人親友中の一人で、現在はサンフランシスコに住んで大実業家となっている。


（※41）ベーブ・ルースの特大ホームランはまだある。それは後述するが、彼の飛球は高〜く上がってストーンと落ちるのが特徴だった。そんなある日、ヤンキー・スタジアムでのこと。ルースは内野フライを天高く打ち上げた。ボールはいつ落ちてくるのか——内野手がようやくそのボールをキャッチしたとき、走っていたルースは三塁ベースを踏んでいた。

後にその飛球の高さが210フィート（約64メートル）と判明。1965年（昭40）に完成した初の屋根付き球場アストロドームは、このルースの一打を参考に天井の最高部を208フィート（約63メートル）にした。が、ルースは内野フライでも〝絵になった〟話には続きがある。

「ルースはホームランを打たなくとも、お客を喜ばせた。彼の打つ内野フライは、入場料を払って見るだけの価値は十分にあった。野手が声を張り上げる。〝よし、任せろ〟とボールの落下を待つ。なかなか落ちてこない。やがて彼はよたよたと位置を変えたかと思うと、横っ飛びにボールを追う。結局ボールは彼から4、5メートルも離れたところに落ち、そのときは〝してやったり〟といった表情で、ルースはセカンドベースに立っているのだ」

と証言するのはレオ・ドローチャー（※42）である。

（※42）レオ・ドローチャー（Leo Durocher 1905~1991）右投右打。ヤンキースでルースと一緒に遊撃手としてプレー。その後ドジャースなどでも活躍したが、ジャイアンツやカブスの監督もつとめた。そして1976年（昭51）初め、太平洋クラブ・ライオンズ（現西武）が監督として招くと話題になったが実現しなかった。1994年殿堂入り。

第4章　ETCETERA

●投打は左だが文字を書くのは右手

ベーブ・ルースは懸命に努力した。天才の努力ほど恐ろしいものはない。その効果は直ちに出てきた。1926年は（昭1）47本、27年には60本のホームランを飛ばし、自分の作った21年の59本の記録を破り、28年は54本を記録している。こうして彼は、球界の古今にわたって何人の追従を許さぬ記録をすでに作り上げたのである。

新聞、雑誌その他、種々の記事や写真を通じて、ベーブ・ルースほどアメリカの上下に広く知れ渡っている人物はいない。よって彼の行くところどんな場所であっても、彼は大衆から逃れた私生活を容易に得ることはできない。彼を最も悩ますものは〝オートグラフ（サイン）・ハンター〟である。

球場のクラブハウスへの出入りはもちろんのこと、どんな場所に行っても彼のサインを熱望する群集は、ルースを見つけたら最後、決して彼を無事に逃しはしない。それを断る言葉を知らない彼は、クラブハウスの特別秘密の戸口から出入りし、サイン切望者の群れから逃れる工夫さえこらしたのである。

しかし、ルースはサインすることを決して嫌悪しているわけではない。乞われるままに子供にも大人にも、男でも女でも時間の許す限りサインをする。またルースはボールと万年筆を手にした人でなければサインしないと、制限してみたが、これくらいのことではなかなかサインの頻雑から逃れ得なかった。
ヤンキースにはトレーナーのドクター・ウッズがいた。この人の書くベーブ・ルースの偽サインは、ルース自身が見ても識別できぬほど巧いもので、それが本物としてファンの間に珍重されている。

サインについては、もっと面白い話がある。ルースは投打とも左利きであるが、ナイフを左手に持ち、フォークを右手に持って食事をする。ところが、文字を書くときだけは必ず右手（※43）を使うのである。

ある写真師が、ベーブ・ルースが左手で契約書にサインする写真を作為し一儲けしようとしたが失敗に終わった話もあるのだ。

（※43）実際、プロ入りしたとき契約書にサインするルースや、子供たちにニコニコしながらボールにサインするルースの写真はたくさん公表されているが、ペンを左手で持ったものは1枚も見たことはない。

●20年間にサイン20万回

ベーブ・ルースのサインについては、もう少し加えてもよかろう。

1934年（昭9）の秋、ルース一家と私はニューヨークを振り出しに、デトロイトからセントルイス――それから太平洋岸へと旅行を共にしてきたことは、この本の最初にも記したが、どこでどう聞くのか、列車が駅に着くとどんな夜中でも、サインを求めるファンの群れがルースを待ち構えていた。だから、ホテルの食堂などでは、ルースはとても食事を楽しむことができなかった。ジョージ・ワシントン以来、彼ほど大衆から愛慕《あいぼ》された人気男は未だかつてアメリカに生まれなかったのではあるまいか。

この人気男がホテルの食堂、つまり公衆の見ている前で食事を始めようものなら、最初に給仕たちが自分の仕事を放り出し、手当たり次第、身辺にあるものは何でも持ち出してルースにサインを乞い始める。それから食堂に集まった客がルースの周りを一重二重に取り囲んでサインを求める。しかも、火事でも起こったように、そして警報が鳴ったより速く〝ルースが食堂にいる〟とホテル中に伝えられると、ホテル中の客は総出で食堂に押し寄せて来る。それを伝え聞いてホテル付近の住民が食堂に押し寄せて来るので、ルースは食事を終えることができない。

こういうこともあるから、ルース及び彼の一家は、こっそり私室で食事をし、決して人の集まるところでは食事をしなかった。私がルース一家と宿泊したデトロイトのホテルなどでもそうだった。

ルースは20年の野球生活で、およそ20万回もサインをしているという。素直で物にこだわらぬ彼は、どんな人の要求でも受入れて、時間の許す限り、そして腕のしびれぬ限りサインをしてくれる。が、これほどまでにサインを求める人が後を絶たないのにはルースも困り抜いていた。

ところで、ルースは普通〝ベーブ・ルース〟とサインするのだが、年に一度、時には3年に一度のこともあったが〝ジョージ・ハーマン・ルース〟とサインする。これは球団と交わす契約書に限って彼の用いるサインである。

●作り出す幾多の記録

1930年（昭5）当初、ベーブ・ルースは、年俸10万ドルでなければ引退すると言い出した。これには、ヤンキースの太っ腹オーナー、ラパートも弱った。ルースに10万ドルを出すことは決して惜しくないし、出せないこともなかったのだが、結局ルースとラパートは折れ合って、8万ドルで2年間の契約が成立した。これが、ルースにとって生涯最高額であると同時に、ベースボールが生まれて以来、アメリカ球界で、一選手に支払われた最高額でもある。

1914年（大3）、ルースが初めて600ドルの契約を結んでから、1933年のシーズンが終わるまでの20年間、ルースの年俸とワールド・シリーズの分配金を合わせると、98万3477万ドルの多額に達している。それから1935年を最後として引退するまでには、その収入はもちろん100万ドルを突破するし、その他、ルースの顔と人気から得た収入を加えると、恐らく200万ドルを突破する大きな収入（※44）をベースボールから挙げているに違いない。

ところで前述のように、特大ホームランを飛ばしたルースは、1935年のシーズンを終えるまで714本の本塁打を飛ばし、10回出場したワールド・シリーズで15本、2回出場のオールスター・ゲームで1本の計730本の本塁打を飛ばしているのである。

そのルースは1934年7月13日のタイガース戦で700号を放っているが、その打球は場外に打ち出され、これを拾った少年に対して、ルースは20ドルを贈っている。また、それから3日後のインディアンス戦で2000個目の四球を記録している。

ところで、満塁本塁打を野球のスラングでは〝フランク・メリーウエル〟と呼んでいる。このフランクとメリーという男と女の名前を合わせたような満塁本塁打は、アメリカ野球の統計家の説によれば、全選手の6万7500回の打席でたった1本しか飛び出さないとされている。この貴重なホームランを我がベーブ・ルースは16本飛ばしている。しかも、この中にはシーズン4本、2試合連続2本という超人的快記録が織り込まれている。

（※44）ここでベーブ・ルースの生涯年俸を記しておこう。

【レッドソックス】

・1914年＝600ドル

・1915、16年＝3500ドル

・1917年＝5000ドル

・1918年＝7000ドル

・1919年＝10000ドル

【ヤンキース】

・1920年＝20000ドル

・1921年＝30000ドル

・1922〜26年＝52000ドル

・1927〜29年＝70000ドル

・1930、31年＝80000ドル

・1932年＝75000ドル

・1933年＝50000ドル

・1934年＝35000ドル（来日した年）
【ボストン・ブレーブス】
・1935年＝40000ドル（現役引退）
【ドジャース・コーチ】
・1938年＝15000ドル
（1935年当時、日本では1ドル4円ほどだったといわれているので、同年のルースの4万ドルは16万円になる。同年、日本の銀行員の大卒初任給は70円ほど。そして沢村栄治（巨人）の月給は120円だった）

●本塁打500号、600号記念ボール

ルースは本塁打王と折紙をつけられた当初、①生涯500本塁打を飛ばす、②大リーグで20年以上活躍する、③ワールド・シリーズに10回出場する——の3つの宿望を秘めていた。この宿望はすべて達せられたのであるが、最初の500号ホームランの願いは1929年（昭和4）8月11日のインディアンス戦で果たされている。第1打席でウイリス・ハドソンの投げ込んだ近目の曲球（カーブ）を、右翼場外にかっ飛ばした。

この日、オハイオ州ニューフィラデルフィアの片田舎から、商用のためクリーブランドに出かけてきたジェーク・ゲイサーという人がいた。無類の野球ファンで、商用もそこそこに片づけて球場に駆けつけてきたが、すでに試合が始まっていたので、彼は大急ぎで通りを横切って切符売り場に走った。そのとき彼の目の前に、白いボールがポカリと落ちたのである。

彼はそれをポケットに押し込んで球場に飛び込んで行った。そして、球場の切符売りから〝それはルースの500本目のホームランボールだ〟と聞き、彼は嬉しさのあまり入り口で気絶してしまった。後にこのボールは20ドルでルースに譲られ、ジェークには改めてルースのサインボールが贈られた。

ルースが600号を飛ばしたときも、金20ドルでその記念ボールを手に入れている。1931年(昭6)8月21日、セントルイスに遠征中のヤンキースは、11対7で快勝した。その3打席目にルースは右翼観覧席ホームランを打ち込んだ。その直後、四番打者のルー・ゲーリッグが同じ所にホームランを叩き込んだ。しかも、この2つのホームランボールは10歳の野球ファン、トム・コリコという少年が捕ってしまった。アメリカでは、観覧席に打ち込まれたボールは、フェアでもファウルでもファンに記念品という名目でプレゼントする習慣になっている。

観客がそのボールを1個手に入れただけで大騒ぎするのに、ルースとゲーリッグの2つのホームランボールを手にしたコリコ少年は、もう試合を見ていられないほど大喜びして、そのまま家へ帰ろうとした。そのとき、セントルイス球団のウイリス・ジョンソンが、この少年を見つけてルースのために、この貴重なボールを買い取ってやった。

ところが、コリコ少年はどちらのボールがルースの打ったものかわからなくなっていた。そこでルースは、１個10ドルずつの20ドルで２つのボールを手に入れた。そして、彼の後輩ゲーリッグを永遠に記憶するため、２つを６００本目のホームランボールとして自宅に飾ることにしたのである。

ところで、話は変わるけれども、ルースは葉巻を吸うが、紙巻タバコを好まない。そして、特にパイプを好かない。他人が吹かしているのを見るだけでしゃくにさわるというのだから、よほど虫が好かないのだろう。

●第二の結婚

人生には常に波乱がある。特に激しい生活の野球選手にはそれがつきものである。

とんとん拍子のルースの生涯にも、時に非常な不幸が訪れてきた。１９２９年（昭４）、マサチューセッツ州ウオーター・タウンの自宅で保養していた妻ヘレンが無惨にも焼死（※45）した。

直情径行《ちょくじょうけいこう》のルースは、悲惨な夫人の焼死体にとりすがって、多くの人の見る目もはばからず、手放しで泣いた。そして金1000ドルを投じて、銀作りの棺を特製するなど、手厚く彼女を葬った――ルースには同情の手紙が諸方から舞い込んだ。

それから1年たった――

1930年(昭5)の春のニューヨーク市庁の結婚係長ミッチェル・クルーズを訪れたルースは、美しい婦人を同伴していた。

「僕はジョージ・ハーマン・ルースです。この婦人はミセス・クレア・ホジソンと申しますが、結婚許可証をいただきとうございます」

と、彼としては実に珍しく謹厳《きんげん》な口調で、結婚許可証を願い出た。ルースの年齢35歳。ニューヨーク市ブロードウエー71丁目ホテル・アラマック住と記され、クレア・ホジソン28歳、ニューヨーク市西88丁目345番地住と記入された。

クレア・ホジソンは、不夜城ブロードウエーの脚光を浴びてその美貌を謳われた歌手、舞踊の名手である。この佳人《かじん》と快男児の2人は、ここに晴れて夫婦の契りを結んだのである。

そして、この2人の新家庭には、ルースの養子ドローシーと、クレア夫人の連れ子ジュリアの2少女が迎え入れられて、正式に養われることになった。このようにして、家庭人としてのルースは無上の幸福に浸ることになった。

ちなみに、1934年(昭9)に来日したとき、ルースは夫人とジュリアを同行した。(ド

ローシーはそのときすでに結婚しており、ルース家にはいなかった）

（※45）１９２６年（昭１）を最後に別居中だった妻ヘレンの住む家が出火。駆けつけた消防士が彼女を懸命に介抱し意識を取り戻すと試みたが、彼女は死亡していた。愛嬢ドローシーは学校に行っていて難を免れた。が、すでにルースは、このとき以前からクレアと熱愛中だった。クレアはフランク・ホジソンと結婚したが、数年後に幼いジュリアを連れてニューヨークに出てきた。その後、ホジソンが亡くなったため、美しき未亡人になっていた。そして２人は結婚。

★ベーブ・ルースはこう証言している。
「クレアとの結婚式は、マンハッタンの教会で挙げた。その日の午後も試合があったが、雨で順延となった。レッドソックスとの試合で、結婚のお祝いとしてホームランを打った。すると、僕の後に続くゲーリッグが〝僕も彼女にお祝いをしてやる〟と言って、すかさずホームランを打った。ゲーリッグというのは、そういう男だったのだ」

●厳格なトレーニング

ホームラン打者のベーブ・ルースは、言うまでもなく超人的天才である。けれども野球選手として第一に必要なものは、絶対的な健康であって、これを無くしてはルースがいかに天才であってもホームランを飛ばすわけにはいかない。論より証拠、彼が健康を害した年はてきめんに本塁打が減少している。だから、選手の誰もがシーズン前にして身体の鍛錬に取りかかるのである。

ルースもこのトレーニングには非常に熱心で、クレア夫人が総指揮官となって、食事、睡眠、休養など、ルースの行動が厳格に監督される。さらに、ルースのトレーニングを担当しているのが、有名なテアサー・マックゴーバーンである。彼自身は、かつてボクシングのフライ級選手権を保持したリングの猛者であるが、引退後ニューヨークにジムを開いて、スポーツ選手のトレーナーを職業としている。

最初ルースはマックゴーバーン・ジム（※46）に通ったものだが、そこにルースが来るとわかるや、ファンが押し寄せどうにも始末がつかなくなった。そこで、ルースの自宅に専用のジムを作ってマックゴーバーンが通うようにした。彼の指導はすこぶる厳格だ。

3人前のステーキやホットドッグ18本、それに2人分のショートケーキがルースの1回の標準食事（※47）であったが、それを4分の1に減少され、しかも遅い朝食と早い夕食の1

日2回に制限されたのだから、これだけでもルースにとって死ぬほどの苦痛であろう。しかし、マックゴーバーンが驚いたのは、普通人に課す運動の5倍をルースに課しても、彼はしっかりしていることだった。

ところで、ベーブ・ルースを細かく、少し難しく言えば、心理学上と生物学上から研究してみると、彼は実に100万人中にたった一人の割合で存在する、まことに稀らしい〝完全人〟である、とコロンビア大学の教授が精査した上で折紙をつけたのである。つまり、視力の強さ、聴力の働き、体力、神経の強さ、注意力など、一つ一つ精密機械によって量り、人間としてのあらゆる能力を総合して調べた上で、ベーブ・ルースほど人体の全部分にわたって、完全に発達した人間は100万人も調べて、やっと一人見つかるのだというわけである。

(※46) ルースがジムでマックゴーバーン相手にボクシングや、真剣な表情で自転車をこぐ写真が残されている。

(※47) 食事の話が出たところで、ベーブ・ルースの大食漢ぶりを紹介しよう。あるときの1回分の食事がニワトリ丸ごと1羽、じゃがいも、ほうれん草、とうもろこし、グリーンピース、パン、パイ、アイスクリーム、コーヒー3杯。またある日は18個の卵と、

大きなハム3枚で作った特大オムレツ、バタートースト6枚、コーヒー数杯だったという。誇張されたものであったとしても、聞いただけでゲップが出る。まだあるルースの大食い。

★タイ・カップは証言する。

「ルースが夜中にベッドの中で起き上がり、クラブ・サンド（パンを3層にして、その間に鶏肉、七面鳥、ハムなどを挟んだもの）6個、豚のナックル（膝関節の肉）を大皿1杯とビール大ジョッキ1杯を注文したのを見たことがある。彼は大きな葉巻を吸いながら一気にそれを全部平らげた。翌日、ホームランを打ったとき〝ガスがたまって腹具合がよくない〟とブツブツ言いながらベースを一周したもんだ」

●当たらぬ日のいたずら

芝居好きの人は申し合わせたように、誰でも楽屋を覗きたくなるものだが、野球ファンも選手の楽屋、つまりロッカールームを覗いてみたいものだ。ルースのような人気選手がいると、厳重な制限を設けない限り、何とか口実をつけて無数のファンが押し寄せてくるから、ヤンキースのロッカールームは厳重で、ここに近づくことは非常に難しい。言うまでもなく、ローカールームは女人禁制である。

ベーブ・ルースのロッカーは、更衣室を入って左手にズラリと並んでいる一番手前にある。高さおよそ7フィート（約210センチ）四方のロッカーの中に、いつも必ず詰め込んであるのは、3、4ダースの真新しいボールだ。説明するまでもなく、サインするためだ。それから、他の選手には見られない幾百通という手紙の束。だが、開封されないまま、ロッカーの支配人が捨てても、次から次へと送り込まれてすぐ山積みになるわけなのだ。

手紙を一つ一つ読んでいたのでは、球場へ出る時間はもちろん、食事をする間も寝る暇もなくなってしまうので、ルースは未知からの手紙は一切開封しないことにしている。

また、ルースほどたくさん写真を撮られる人気者はいないであろう。彼は写真を撮られることを嫌がらない。だから、ありとあらゆる場面で撮られている。そして、撮った人の多くが出来上がった写真をルースのもとへ持ち込むので、それが彼のロッカーにうず高く積まれている。その写真だけで展覧会ができるほどである。

ルースのロッカー正面に2個の古馬蹄がかかっているのも面白い。無論ファンからの贈り物なのだが、こうしたつまらぬものでも、縁起をかついで大事にしている彼の心情には微笑まされる。

さらに他のロッカーに見られぬものの一つに、ブリキ製の円形の箱がある。ルースは帽子の型が崩れることを嫌って、キチンとこの箱の中に入れておく。見かけによらぬ繊細な神経が、彼の6フィート2インチ（約187センチ）、220ポンド（約100キロ）の、あの巨大な身体のどこかに潜んでいることを表していて愉快だ。またルースは他の選手と違って、愛用のバットは決してロッカーの中に入れておかない。

●優しいルースの心情

ニューヨーク・セントラル線からニューヨーク入りする人は、ハドソン川に沿って走る列車が、あと1時間もすればグランド・セントラル・ステーションに到着するというとき、右手に厳重に囲まれた城郭のような大きな建物を、列車の窓から見るであろう。それがシン・シン・プリズン、つまりニューヨーク州の刑務所なのである。

だが、押し込められている彼らは、陽気に朗らかに暮らしている。労役が終わった後、夕方4時から7時まで、彼らはいろいろな娯楽が許されているが、男囚はインサイダース(INSIDERS)、つまり外に出られないから〝内弁慶〟という意味の野球チームを作って楽しんでいる。

この内弁慶チームはリーグ戦もやっていて、インサイダースというのは、このリーグ戦で活躍する選手の選抜軍なのである。そして、時折外来の消防隊や警官の選抜軍と試合をするが、いつもインサイダースが勝つのだが、彼らと試合をするためシン・シン刑務所を訪れるのが、ヤンキースとジャイアンツである。

この2チームは交互に年に1回シン・シンに出かけて行ってインサイダースと試合をする。それを応援する男女囚が最も歓迎するのは、ヤンキースとベーブ・ルースである。〝ベーブ・ルース来る〟という報が刑務所内に伝わると、この別天地には時ならぬセンセーションを巻き起こして、1ヵ月も前からこの話で持ち切りという有様である。

そして、いよいよベーブ・ルース来るという日になると、所内の彼女らは、最善の化粧をこらし、さっぱりした服を着てアイスクリームをなめながらスタンドに陣取る。一方には藍色の作業着、五分刈り頭の男性たちは世間並みにタバコをくゆらせている。彼らに許されていないのは賭けと男女の同席だけで、浮世の人が想像もできない、のんびりと華やかな野球見物なのである。

ところで問題はルースだ。彼が球場に姿を現すと、この連中が雪崩を打って球場に降りてきて、ルースを一重二重に取り巻いてボールにサインを求める。彼らの中には、このサインボールを娑婆に出るときの土産にする者もいるし、長く出所できない連中は、これを親類、知己、友人などに贈り物として郵送するのだ。

尊大ぶらないルースは非常に同情心深く、こうした罪を犯した人々にさえ、分け隔てなく、温かい気持ちで接し、彼らを慰めようとつとめる。ルースが養育院や孤児院などを見舞うことは、彼の優しい心情を語るものとして有名な話である。

●問題の1928年ワールド・シリーズ

さて、再びルースの記録の方に戻ろう。

1928年（昭3）に154試合に出場し本塁打54本、打率・323をあげた。前にも述べたように、ワールド・シリーズではアレキサンダーを撃破する快挙をやってのけたのであるが、このワールド・シリーズは、私が見たシリーズの一つであるのと、ルースのホームラン意外に日本の審判員によき参考になる範例があるので、細かく述べよう

1928年のシリーズはヤンキースとカージナルスとの間で行われた。ヤンキースはハギンス監督によって作り出した2度目の3連覇の最初の年であったが、ヤンキース黄金時代を代表する最強チームであった。

一方、カージナルスは1926年に初めて優勝し、その翌年は2位だったし、当時のカージナルスもセントルイス市が誇る強力チームであった。その26年のワールド・シリーズでは、大接戦の末にカージナルスが4勝3敗でヤンキースを負かしているので、この28年のシリーズはヤンキースにとって雪辱の好機会であった。

そのシリーズは10月4日、ヤンキー・スタジアムで開始され、第1戦は4対1でヤンキースが勝った。第2戦は翌日、同所で行われカージナルスの先発アレキサンダーを3回でノックアウトし、ヤンキースが9対3で大勝した。

第3戦はセントルイスに移って10月7日に行われたが、これも7対3でヤンキースの勝利に帰した。

●大問着の起きた第4戦

ここで、問題が起こった第4戦になるのであるが、8日は豪雨で私はホテル・チェースに引きこもった。このホテルにはヤンキースも宿泊していたし、ワールド・シリーズの本部もあり、全米の野球著名人が集って来て大変な混雑であった。で、9日に第4戦が行われたが、投手は第1戦と同じウェイト・ホイト（ヤンキース）（※48）、ビル・シャーデル（カージナルス）の顔合わせで幕が切って落とされた。

この試合にカージナルスが敗れると、ストレートの4敗でヤンキースの世界一が決まるのだから、カージナルスは死力を尽くして物凄い試合ぶりを見せ、3回に1点を先取した。

ヤンキースは、ゲーリッグがこのシリーズ3試合で、すでに3本の本塁打を飛ばしているのに、ルースは未だ1本も放っていなかった。すると、この試合の4回表にルースは会心の一打を放って同点とした。だが、カージナルスが4回裏に1点を加え、その後はヤンキースの攻撃をカージナルスがよく食い止め、6回までカージナルスが2対1の優勢にあった。

そして、7回のヤンキースの攻撃が問題だった。一死無走者で三番ルースからシャーデルは得意の横手投げからの緩曲球で2ストライクを奪った。ところが、その直後、ルースは〝まだ身構えていないときにシャーデルが投げた〟と主審に抗議。そして主審サイ・ファーマンがルースの抗議を認めたことから、カージナルス側は猛烈抗議。審判団も協議という大悶着が始まった。

（※48）ウェイト・ホイト（Waite Hoyt 1899~1984）右投右打。1920年代のヤンキースのエース。ほかにドジャースやパイレーツなどでも投げた。通算237勝で最多勝、防御率1位各1回。1969年殿堂入り。

●クイック・リターンは認められず

カージナルス側の言い分〝ルースは三振だ〟に対し、審判員は口を揃えて〝あれはクイック・リターンだからストライクに取れない（勿論ボールでもない）〟というのである。で、審判員の主張と説明は〝クイック・リターン（打者がボックスに入って、まだ打撃の身構えができていないのに投手が投げること）については、シリーズ前に審判員の協議会で、これを許さぬと明確に取り決め、その旨を両チーム監督と主将に伝え同意を得ている〃というものであった。こうして、審判員の主張通りに試合は再開された。

そして、ベーブ・ルースがボックスに立った。ファンがしきりにルースを野次る中、シャーデルが投げる。これをルースが叩いた。ボールは右翼スタンドを越すホームランとなった。それまで野次っていたファンも、たちまちルース礼讃に変わり拍手と歓声の大交響楽が球場を揺るがせた。

これで2対2の同点となったが、次のゲーリッグも本塁打を飛ばしたので、シャーデルはすっかり気を落とし、この回4点をヤンキースに取られ、さしものカージナルスも闘志をくじかれて、ついに7対3でヤンキースの大勝となった。これでヤンキースはシリーズ4連勝したが、前年ピッツバーグ・パイレーツにも4連勝で、ワールド・シリーズにおける無敗で2年連続世界一という新記録を作った。ルースの打った本塁打は、前年2本、このシリーズは3本だった。

●幻のベーブ・ルース監督

1929年（昭4）（※49）のルースは前年の54本から46本塁打とやや不振だったが、それでも打点、打率は前年を上回った。

ところで、沈黙の名監督ミラー・ハギンスはヤンキースの黄金時代を作り上げたが、その間には人知れぬ大苦労があり、1923年以来、彼の医師は健康を案じて、激職を捨てることをすすめたのだが、なかなか聞き入れなかった。そして前後2度の無敵ヤンキースを作り上げたのであるが、1929年にはさしものヤンキースもアスレチックスに敗れて2位で終わった。

この間にハギンス監督の健康は急激に悪化して、9月25日に不帰の客となった。葬儀に当たってベーブ・ルースは、すっかりしょげ返って、ルー・ゲーリッグなどと一緒になって、寂しげに故人ハギンスの棺をかついだ。

さて、ヤンキースの後任監督問題については、ルースにも大いに関係がある。一般の野球選手が終局の理想としているように、ルースも一度は監督、しかも大リーグの監督になる理想を持っていた。そして、1920年にニューヨークに来たときには、ボストンの方が懐かしいと言っていたルースも、長い間にニューヨークが好きになり、しかもアメリカ第一の球場と、アメリカ野球随一の大球団であるヤンキースを指揮監督することは、彼の理想でもあったし、彼の人気を以ってすれば必ずしも不可能ではないと考えた。

その上にラパート・オーナーはルースが好きであると自認していたので、当然ハギンス監督の後任のお鉢が自分に来るものとルースは想像した。しかし、ルースだけの計算であった。ラパート・オーナーもバーロウ総支配人も別なことを考えていた。すなわち、選手としての偉大なるルースは必ずしも監督としての大器ではない、という観察なのであった。
そこで、後任監督は、ヤンキース投手団の古老ボブ・ショーキーのところに落ち着いた。これはルースにとってかなり不愉快なショックではあったが、ショーキーと彼とは久しい間の僚友でもあったし、ルースは未だ次に来るべきチャンスがあると考えたのである。

（※49）この年（1929年）4月18日の開幕試合に球界初登場したのが、ヤンキースの背番号入りユニフォームだ。番号は単純に打順で決めたもので、三番ルースは3、四番ゲーリッグは4だった。後年ヤンキースは3、4をはじめ1～9まで永久欠番として称えている。最近では松井秀喜とプレーしたデレク・ジーターの2が永久欠番になった。

●ジョー・マッカーシー監督誕生

ボブ・ショーキー新監督にとっては、いきなりヤンキースの大世帯を切り回すことは少々荷が重すぎた。そのため、1930年（昭5）のヤンキースは3位に落ちた。これは1926年以来初めての陥落であって、ヤンキース首脳部には再び監督問題が起こった。

1930年のシーズンが終わると〝ラパート＝バーロウ〟協議は急速に進行して、その結果、ジョー・マッカーシー（※50）が監督に決まった。彼は大リーグ選手としての経歴はなかったが、シカゴ・カブスのオーナー、ウイリアム・リグレーの抜擢で、カブスを優勝チームにまで仕上げた腕利きであったが、1930年途中から監督を降りて休養していたときである。

これはショーキー監督実現の場合より、ルースにとって心の痛手であった。マッカーシーが大リーグ選手としても、またアメリカン・リーグ監督としても無経験だということが、ルースにとっての言いがかりで、表面切って首脳陣に毒づきもした。

だが、こうした個人的感情だけでは、ベースボールのことはどうにもならない。ルースの主張には世論がついてこなかった。ヤンキース首脳部も、もちろん方針を変えなかった。ジョー・マッカーシーは、ヤンキースを牛耳って着々と自分の理想を実現して行った。

そして、1931年には再びヤンキースは2位に浮上し、32年は見事優勝を遂げ、ワールド・シリーズにおいては、4試合ストレートでカブスを破り、ヤンキースの強豪ぶりを遺憾なく発揮したのである。

ところで、ルースの方は、その昔ハギンス監督に反抗したほどの〝子供っぽさ〟はすでになかった。そしてマッカーシーという人は手練の持ち主である上に、立派な人格者でもあった。ハギンス監督は沈黙を以ってルースを制御したが、マッカーシー監督はルースを尊敬し、よく相談もした。この手に対して、大人になったルースには反抗できなかった。

その上に、最初は少し不安を抱いていたヤンキース・ファンもマッカーシー監督の手腕を信頼した。ペナント獲得の上に、カブスを見事に叩きつぶしたので、マッカーシーはハギンスと同格、あるいはそれ以上の器量人とさえ見られようとしてきていた。ルースはこの形勢を見逃しはしなかった。

1931年のルースは46本の本塁打、打率3割7分3厘、32年は41本塁打、打率3割4分1厘の成績を残した。このようにルースの打撃は渋い安定ぶりを示してきてはいるが、すでに40歳に近づいて、幾分人間的凋落を示していることは否めない。

（※50）ジョー・マッカーシー（Joe McCarthy 1887~1978）マイナー・リーグではプレーしたが大リーグ経験なしという異色監督。カブス、ヤンキースでリーグ優勝9回、ヤンキースではワールド・シリーズ4年連続を含め優勝8回。1957年殿堂入り。

●有名なコールド・シャット

〝コールド・シャット〟（※51）とは、あらかじめ打球の方向を示しておいて、その通りに打ってみせることである。タイ・カップなどもたまにやってみせた。しかし、ルースの場合は晴れのワールド・シリーズで堂々とやってのけたのだし、しかもそれが大々的なホームランであったのだから、米球界の大きな話題となったのは当たり前のことだ。米球界100年の間に、こんなバカバカしいほどの快挙をやってのけた打者はベーブ・ルースの他に未だかつて一人もいないし、恐らくこれからも出現しないであろう。

このルースのコールド・シャットは1932年（昭7）のワールド・シリーズだったが、新聞各紙、雑誌に書き立てられたが、あまりに大きく、そして稀有な出来事であったので、かなり歪曲されて伝えられもした。

そこで私は、ルースと旅行中にこのことを聞いてみた。すると、新聞では1932年のワールド・シリーズで、ルースがこの次の球をあそこへホームランを打つぞと決めておいて、その通り本塁打したということになっているが、それは少し違う。新聞や雑誌に書かれたのはオマケがあり過ぎると、ルースは細かく説明してくれた。

（※51）コールド・シャットで、ルースが手を上げて外野を指差す写真が残っている。そして、このシリーズで彼の打った本塁打は2本だった。

●筆者に語る真相

ベーブ・ルースは球場外で野球を語ることは好きではない。もっとも球場外でも野球人だけが集っていて、その必要があるときには、なかなか雄弁に、そして熱心に語り出すが、平素はそうした気分にはなかなかならない。ところが、このコールド・シャットについては稀らしく、気を入れて私に対し次のように語ったのであった。

「本当はこうなのだ。1932年のワールド・シリーズでヤンキースはカブスと顔合わせした。その第3戦は10月1日、シカゴのリグレー・フィールドで行われ、俺はこの試合の初回に3ランホーマーを放ったが、これは話の本筋ではないので、細かいことは述べなくてよかろう。

で、試合は4回を終わって4対4の大接戦となった。5回ヤンキースの攻撃で一死後、俺がボックスに立った。このとき、捕手ギャビー・ハートネットに向かって〝初回と同じところへ投げ込んできたら、もう1本ホームランだ〟と言ってやったが、ハートネットは何も答えなかった。するとカブスの投手チャーリー・ルートが第1球を投げ込んできた。俺はそれを見送っておいて、左手を上げて〝ストライク〟と怒鳴った。次いで第2球。俺はまたそれを見送り、左手を上げ〝2ストライク〟と叫んだ。ファンがガヤガヤ騒ぎ出した。

それから、右手でバットを支え、左手で中堅から右翼の方を大きく指差して〝次の球をホームランするぞ〟というゼスチュアを大観衆に示した。すぐルートの球が飛んできた。引きつけておいて、何クソと精一杯のスイングをすると手応えがあった。大騒ぎをしている。しめた、と思って見ると球は中堅越しの大本塁打になっていた。球は中堅スコアボードにブチ当たって、観衆の中にはね返るところだった。

これで場内は破れるような大騒ぎになったが、次のゲーリッグも本塁打を打ったので、俺の起こした大騒ぎをもう一度繰り返した。こんなふうでヤンキースは、この第3戦は7対3で勝ち、第4戦も13対6で大勝して3度目のストレートでワールド・シリーズに優勝の記録を作ったのだ。

しかし、あんな愚かなことはやるものではない。ホームランが出たからいいが、もし失敗したら俺の生涯のキズになって、拭うことのできない笑いのタネになってしまう」

実際、ルースはこのコールド・シャットをやったときには、ニューヨーク最高峰のエンパイア・ステート・ビルのてっぺんで逆立ちをするほどの大冒険であったのだが、私に「愚かなこと」をしたと言いながらも、これを立派にやってのけたところに、実に〝野球の偉人〟としての面目が躍如としているのである。

●大監督ジョー・マッカーシーの怒り

ベーブ・ルースがジョー・マッカーシー監督に対して抱いた感情は、かなり複雑なものであった。しかし、マッカーシー監督はハギンス監督とは別な意味での大人物で、しかも万事に抜け目なく、ルースに対しては親切でもあるが、一面には毅然とした態度に出ていたので、ルースとしては直接彼に、その複雑な感情を叩きつけることはできなかった。

そのマッカーシー監督の人物については、こんな話がある。監督になってから最初の春季キャンプは例年、行きつけのセント・ピータースバーグで行っている。ちょうどそのときトレーニングで来合わせていたミルウォーキーと練習試合を行い9対1でヤンキースが勝った。

ミルウォーキーはマイナー・リーグAA級のアメリカン・アソシエーションに属していたのであるから、大リーグと比較して、その力量は格段の差があるわけではなく、ヤンキースの若い連中は有頂天になって帰りの専用バスの中で、みんなハシャギぬいていた。

ところが、マッカーシー監督だけが車の隅の方で渋い顔をしていた。すると傍らにいたマイナーからヤンキースに加わったばかりの若い選手が「今日の試合をどう思いますか？」と褒められることを期待して聞いた。するとマッカーシー監督は「あんなヘタクソ相手なら50点取らなくては勝ったとは言えない」と言い放った。これを耳にしたバスの中の一同は、首を引っ込めて騒ぎをやめてしまった。

マッカーシー監督には、こんな話もある。ヤンキー・スタジアムのクラブハウスに丸テーブルがあるのをマッカーシー監督が見つけ不審に思った。そこで、クラブハウス係りに「このテーブルは何に使うのだ」と尋ねた。係りが「選手がカードをやるためです」と答えると、即座に大きな斧を持ってこさせて「ヤンキースはボール・クラブだ。カード・クラブじゃない」と言って、丸テーブルをブチ壊させてしまった。以後、選手はピッタリとカード・ゲームをやめてしまったのである。

●第1回オールスター・ゲーム出場

このように、マッカーシー監督にはガッチリとしたところがあるので、こいつは手ごわい、ハギンス監督とは違うわい、と選手たちは恐れをなした。そうした空気の中にあって、ベーブ・ルースも同監督に対して歯向かうことはできなかった。もっともルースもすでに子供っぽい気分が薄らいで、だいぶ練れてきていたから、単刀直入の反抗はできなかった。しかもマッカーシー監督は1932年（昭7）に優勝を遂げたので、立派な尾ひれが付いてしまい、ルースの切望する〝ヤンキース監督就任〟は実現されぬ形勢になってきた。

こうして1933年のルースは本塁打34本、打率3割1厘となって、強打もグンと衰え、引退の機会は次第に迫ってきたが、彼の人気は少しも衰えず依然として米国球界随一であった。そしてこの年のヤンキースは2位に終わった。

なお、この年、シカゴ・トリビューン紙の記者アーチ・ウォードが提唱していたオールスター・ゲームがようやく実を結び、7月6日、シカゴのコミスキー・パークで初めて行われた。ルースは4度打席に立って2安打を放ち、そのうち1本は2ランホーマーで、ア・リーグ4対2快勝の主役となった。

●無類の子供好き

ところで、ベーブ・ルースはこの1933年（昭8）6月中旬以来、月、水、金曜日の週3回、午後7時45分からNBCステーションを通じて連続放送を行ったが、これが異常な人気を呼んだ。

ルースの放送はもちろんベースボールを主題にした話であるが、彼の人生に起こったいろいろの実話を織り混ぜているので、ベースボール・ファンはもとより、米国全土の少年たちから熱狂的な歓迎を受けて、NBC局開設以来、ルースのこの放送ほど大衆に受けているものはないと言われた。

ベーブ・ルースは、多くのアメリカ人からは孤児だったと思われている。だが、前にも述べたように彼にメリー・モバリー夫人と呼ぶ実の妹がいることは明らかにされている。そして今では彼自身、父の名も自分と同じジョージ・ハーマン・ルースと呼び、1915年（大4）まで生きていた、と告白している。ルースは孤児だったという説を嫌って、少年時代、非常な貧困の中で育ったが、決して孤児ではなかった、と今も昔も強く反発している。

さてそのルースだが、前にも述べたと通り無類の子供好きなので、子供のためになることがあれば万難を排して、どんなことでもやるだけの熱誠を持っている。シーズン中の多忙な折柄《おりから》でも暇を盗んでは養育院や孤児院を訪れ、子供たちを慰めにしきりと回って歩く。これは決して売名のためではない。その性格からくる自然の行動なのである。

1933年5月のことであった。ニュージャージー州パセイックの近くで、500人の旅客を乗せたエリー鉄道会社の急行列車が、危うく転覆の大惨事を起こそうとしたが、孤児院に保護されていた少年6人が、生命を冒して機敏な処置をとったお陰で無事なるを得た。このことは大々的に新聞に書き立てられ、この少年たちにはメダル、腕時計、万年筆その他いろいろな品物が各方面から贈られた。

ニュージャージー州は、ハドソン川を隔てたニューヨーク州と隣り合わせになっている。もしもルースがこのときヤンキー・スタジアムで出場していたなら、彼は一目散にこの孤児院へ飛んで行ったであろうが、当時彼はデトロイトに遠征中だったから、長い電報を寄せて少年6人の勇気を激賞し、ニューヨークへ帰還の際には彼らをヤンキー・スタジアムに招待することを約束した。

少年たちは州知事から名誉表彰のために贈られたメダルや腕時計などよりも、ルースの電報とその招待を最も喜び感謝した。この話を聞いたヤンキースのラパート・オーナーは、ルースの案に賛成してヤンキースがニューヨークに帰還した後、少年6人を含めた孤児院の全員をヤンキー・スタジアムに招待したのである。

このように、ベーブ・ルースは孤児らに多大な関心を持っている。子供が好きな彼の天性の表れなのである。

●空前のスランプ

1934年（昭9＝来日した年）のシーズンが始まると、ルースの凋落は目立ってきた。彼自身もそれを気づいていた。そのために、また別の焦慮《しょうりょ》が生まれてきた。ルースはこのシーズンのスタートにおいてコンディションも悪かったし、負傷したりなどしてしばしば欠場した。ラパート・オーナーもマッカーシー監督も、彼に対し沈黙を続けたが、ルースにとってこの沈黙は不愉快だった。

この年もルースは、7月10日、ポロ・グラウンドで行われたオールスター・ゲームに出場したが、1本の安打も飛ばし得ず、途中から交代。試合は乱戦の末にア・リーグが9対7で勝ったのだが、ルースの凋落はファンを傷心させずにはおけなかった。

シーズン中のルースの活躍ぶりも著しく低落した。125試合に出場して22本のホームランを飛ばしはしたが、打率は2割8分8厘となり、1925年（大14）の2割9分以来、初めて3割台を割った。1925年のスランプは、若い血気盛りのルースにとっても問題はなかったし、ファンも一時的現象と見て次のシーズンの飛躍に希望をつないだ。

しかし、39歳になったこの年のスランプは、どう楽観的に考えても一時的なものとは受け取れない。そこにはいかなる偉人も逃れることのできない〝年の波〟が、ヒシヒシと寄り迫ってきたのである。

〝野球の偉人〟ベーブ・ルースも、この事態をよく認識していた。だが、選手として終わりに近づいても、監督としての未来はこれからである。野球選手として、あらゆる希望を達したルースは、野球人として次なる活躍の場を求めなければならぬ境地に立った。

ラパート・オーナー、総支配人エド・バーロウ、それからジョー・マッカーシー監督も、それぞれルースのことを考慮し始めた。もっとも、マッカーシー監督の立場は前者とは考え方が少し異なっていて、ルース凋落後のヤンキースのライン・アップをどう編成するかということも、その考慮中の一部分を占めていたのである。

●ついにヤンキースと決別

1934年のシーズンが終わるとルースは、のるかそるかの手詰めの談判をラパート・オーナーに向かって試みた。ラパート・オーナーもルースとの会見を望んでいた。そして、会見におけるルースの切り出しは「マッカーシー監督をどう考えますか?」というのであったが、ラパート・オーナーの返答は「大変よろしい。満足している」だった。

それどころではない。ルースにとって全く予期していなかった重大な申し出が、ラパート・オーナーの口から発せられた。それは、

〝監督としてネワークへ行かないか?〟

というのであった。大リーグの監督、できればヤンキースの監督就任を望んでいたルースにとって、この申し出は晴天のへきれきであり、即座にそれを拒絶した。ラパート・オーナーはこのとき、さらにこう説いた。

「ベースボール・ビジネスというものは、本当に大掛かりな営利事業であって、その成否は監督の手腕力量によることが実に大きいのである。ベーブ・ルースは選手として実に空前の偉大なる功績を残しはしたが、未だ監督としては未知数であって、ヤンキースの大世帯をすぐには任せられない。そこで、ヤンキースのファームの中で一番大きなネワーク・クラブに

行って、監督として経験を積み、手練を認められれば大リーグのどこのチームでも、機会さえあればヤンキースだって監督として迎えられるのだ」

このラパート・オーナーのルース説得は実に公正な、そして立派なものと、後に米国球界からも一般社会からも認められたものであったが、当時のベーブ・ルースにとっては、この上なしの不満足なものであったし、彼は、その名声に鑑みても大リーグの監督をと固く決意していたのであるから、この厚意ある、そして考慮したラパート・オーナーの申し出でもついに彼の入れるところとはならなかった。

こうして、1920年（大9）以来所属したヤンキースからベーブ・ルースは袂を分かった（※52）のであるが、神経の図太い彼にとっても、感慨無量なるものがあったに相違ない。その当時、彼は実に不平不満のやるせない立場に立ったのである。だが、この不満は日本行きと、その熱狂大歓迎によって癒されるのである。

こうしたことからも、ベーブ・ルースの日本来遊は、彼にとって実に重大な意味を持つのである。

なお、ファーム・システムは1920年ころ、セントルイス・カージナルスのブランチ・リッキー（※53）が考案したものである。これによって、カージナルスは大成功を収めたことから、次第に米国球界に広がった。ちなみに、ネワークはマイナーのAAA級インターナショナル・リーグに属し、ヤンキースのファーム随一の強力チームだ。

（※52）ヤンキースを去ることになったルースが、いよいよ来日することになるのだが、意外に知られていないのが彼の走塁だ。ルースの通算盗塁は123個。1918年（大7）に投打とも2ケタをマークしたときも6盗塁だった。

しかし、驚くのは三塁打だ。シーズン2ケタ三塁打をマークしたのは4回もあり、59本塁打を放った1921年は自己最多の16本。その三塁打は通算136本。日本の通算最多三塁打は、福本豊（阪急）の115本。巨体でありながらも俊足だったルースだ。

★それについてコニー・マック（後述）は証言する。

「ベーブ・ルースは、まさに二度と現れぬ大打者である。その恐るべき猛打に隠れて見落とされがちだが、ヒット・エンド・ランによって一塁から三塁に走るに彼以上、速やかな選手はいなかった」

そしてエレノア・ゲーリッグ夫人の証言。

「ベーブ・ルースは強肩にかけても比類なき選手だったたし、破壊的な打撃はもちろんだが、足にかけても実に巧妙なベースランニングをする選手だった。まさに〝偉大なるルース〟であった」

また、１９３４年（昭９）の日米野球で登板した浜崎真二もこう証言している。

「静岡での試合でベーブ・ルースが二盗を試みた。そしてキレイなスライディングで滑り込んだのだが、ベースに着いた瞬間、サッと立ち上がっていたことだ。あの大きな体のルースが、それを見事に演じたのはさすがと思った。そのとき、ルースを刺そうとした捕手の送球が、大きくそれて中堅に転がったので、ルースは楽々と三塁に進んだ。まったく油断もスキもないプレーだった」

（※53）ブランチ・リッキー（Branch Rickey 1881~1965）大リーグで少しプレーしたこともあるが、球団経営に能力を発揮。ＧＭやオーナーをつとめ、ドジャース当時は大リーグ黒人初のジャッキー・ロビンソンを入団させたことで知られる。１９６７年殿堂入り。ロビンソンについては２０１４年に公開された映画『42~世界を変えた男』のＤＶＤをどうぞ。ハリソン・フォードがブランチ・リッキー役を好演している。

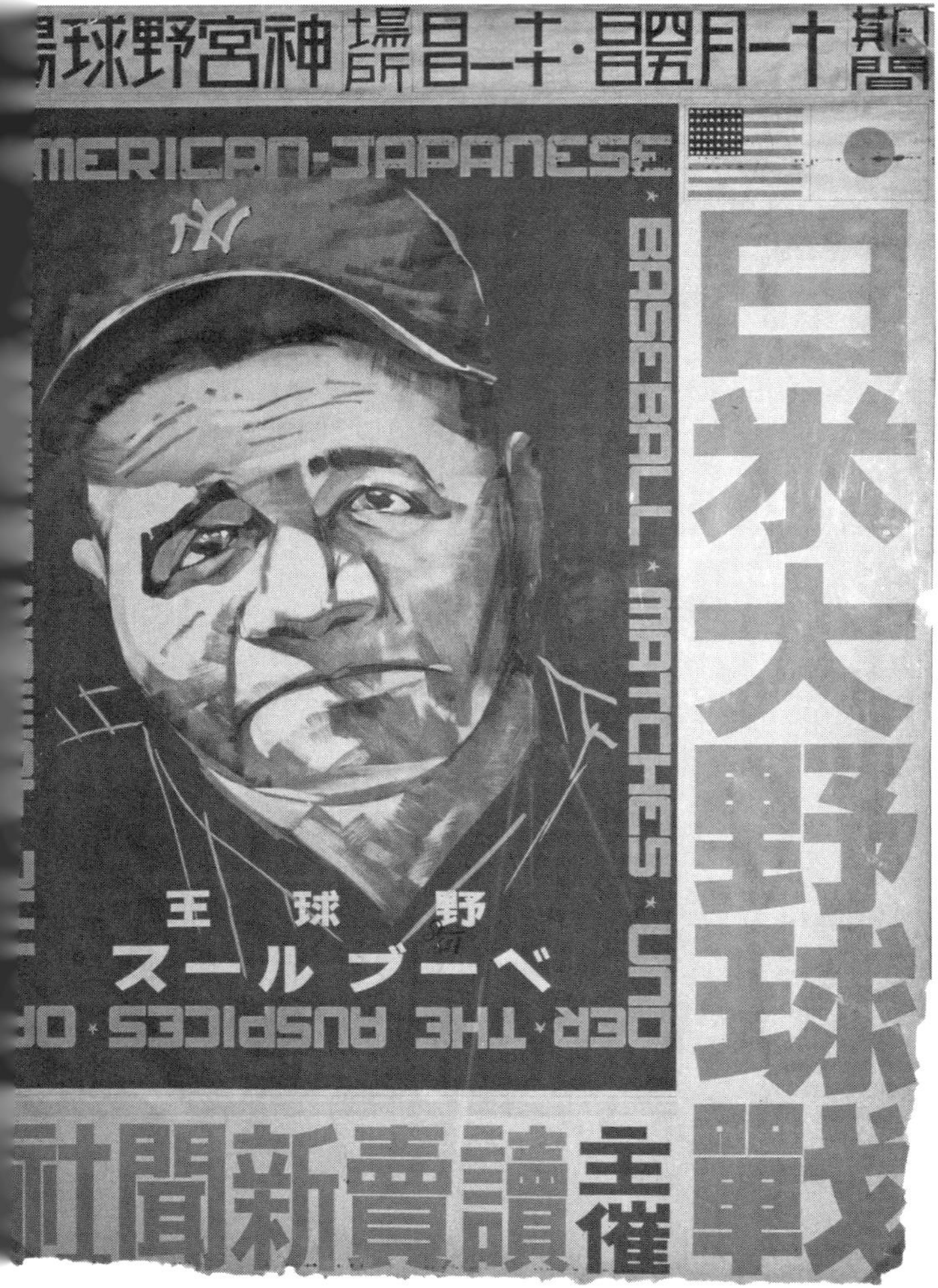

『1934年日米野球ポスター』
画像提供／公益財団法人 野球殿堂博物館
イラスト／広瀬貫川

第5章　JAPAN

●日本へルースを迎える計画

1931（昭6）、34年の2回にわたって企てられた、読売新聞社のメジャー・リーグ選抜選手チームを日本に迎えたことは、日本の野球にとって実に画期的な大事業でもあったし、いろいろな意味において日本の野球界に刺激を与え、その発達を助長するためには、計り知れない絶大な効果があった。

この二大壮挙を一手に断行した当時の読売新聞社長正力松太郎氏は、第1回の1931年のときから、ベーブ・ルースを日本に迎えたい希望を抱いていた。だが、そのときは未だ機会が熟していなかった。しかし、何をやるにしても〝最高至上〟を狙って、その実現を見なければ止まぬ正力氏は〝別に期するところの遠大なる計画〟とともに、ぜひベーブ・ルースの来遊を切望していたのである。別に期するところの遠大なる計画とは、日本におけるプロ野球の建設であったが、そのときは未だ正力氏の胸中に秘められていた。

こうし複雑な事態の解説はいずれ別の機会に詳説するとして、ここでは主人公のベーブ・ルースに向かってのみ筆を進めて行く――

この1934年以来、私と親友レフティ・オドールとの間に下準備が進められていた。この計画を遂行するため、オドールは1932、33年と続けて日本にやってきた。オドールは1929、32年に首位打者の名誉を勝ち得ていた。彼は日本には〝打撃コーチ〟の名目で渡来したのであるが、別に二つの目的があり、その一つは正力氏の抱く遠大計画と同一であるプロ野球の建設と、その二はプロ野球建設の前提として、もう一度メジャー・リーグの日本来遊計画の実現であった。

当時読売新聞社運動部嘱託の任にあった私は、正力氏の意中を知っていて、次のメジャー・リーグを迎えるときには、何をさておいてもベーブ・ルースを迎えなければならないと考え、このことを機会のあるごとにしきりにオドールに説いた。だが、これはなかなか困難なことで、オドールとしても容易にOKというわけにはいかなかった。

彼も私も、この点では悩み抜いた。特にオドールは深く考え込んだのであるが、1934年1月5日、横浜を発って帰路につくまでは、ルースを一行に加える成算は立っていなかった。だから、この大計画を〝虎の子〟のように大切にしていて、元旦に発表した読売新聞もア・リーグ総裁ウイリアム・ハーリッジ、アスレチックス会頭ターマス・シャイブ、総監督としてコニー・マックの息子のアール・マック、助監督レフティ・オドール、それに新本塁打王アスレチックスのジミー・フォックス（※54）が来ることだけを社告したにすぎなかった。

（※54）ジミー・フォックス（Jimmie Foxx 1907~1967）右投右打。アスレチックスやレッドソックスで内外野、捕手でも活躍した強打者。来日したこの年は44本塁打で通算

534本。三冠王1回、首位打者2回、本塁打王4回、打点王3回。1951年殿堂入り。

●成功したオドールの努力

だが、オドールの努力はまず成功した。それは当時72歳の長老監督コニー・マックを、一行の団長にすることであった。ベーブ・ルースが心服する監督は、この偉大なる長老をおいて他にはなかった。そして、コニー・マックとアール・マックの父子の手を経て、ベーブ・ルースの日本行き交渉が正式に進められた。

ところで、オドールは1919年（大8）から22年まで、ハギンス監督のヤンキースにいたことがあり、それ以来ルースとは親しい間柄であった。ちなみに、私がオドールと知り合いになったのは、彼のヤンキース時代の1921年のことである。

そのオドールはこの年（1934年）は、ニューヨーク・ジャイアンツと契約してニューヨークに住んでいたので、ルースとその一家に近づき盛んに日本行きの興味をそそったのである。

この内外両面からの交渉と勧誘で、ようやく承諾というところまでこぎつけたのである。で、7月9日コニー・マック監督来朝の発表に次いで、7月18日にはベーブ・ルースの来遊発表となり、日本の野球界に空前、そして恐らく絶後とも考えられる、大きなセンセーションを巻き起こし、全国ファンの熱血をたぎらせ〝ベーブ・ルース来る〟の話は至るところで街の話題の中心となったのである。
こうして読売新聞は8月7日、16日、9月6日に来遊確定選手（※55）を発表、チームの全貌が明らかになり、1931年のチームに勝る強烈打力の世界最強球団とさえ評判されるに至ったのであるが、話題の焦点は〝ベーブ・ルース来る〟にこびりついて、いかなるニュースもこれを動かすことはできなかった。

（※55）確定選手発表といってもメンバーの中には、ゲーリッグやフォックスらは入っていても、ベーブ・ルースの名はなかった。ルース自身が正式に日本行きをOKしたわけではないので、あくまで予定だった。

●ルースを誘い出す準備

紆余曲折があるが、それは省略しておいて、正力松太郎氏は私をアメリカに送った。ベーブ・ルース一行を迎えて来るためと、この壮挙に次いで建設される日本最初の組織を持った職業野球団（すなわちこれが巨人軍である）を翌年アメリカに送るための準備と、併せてその10月3日から開かれるワールド・シリーズをカバーするためであった。

すでに日本に来遊する顔ぶれは決定していたのであるが、後に実際来なかった者がいたように、その中には多少、来否の疑われる者もいた。特にベーブ・ルースが万一にも来ないということにでもなれば、この壮挙は非常な痛手をこうむるわけである。で、9月15日、エムプレス・オブ・ロシア号で横浜を出帆する私は〝是が非でもルースを引っ張って来る〟決意を持たなければならなかった。

横浜からバンクーバー、モントリオールを経てニューヨークまで7514哩（約1万2000キロ）余の旅程を一気に突破して、グランド・セントラル・ステーションに着いたのは9月28日の夜8時であった。レフティ・オドールが最新型の車で迎えに来てくれた。もう一人の親友ジョー・カリンズも来てくれた。ジョーは昔から私の野球の勉強を何くれと助けてくれた恩人である。

アスレチックスがニューヨークで宿泊するホテル・アルマックに投じたが、その夜は一睡もしないで、オドールと報告の交換や打ち合わせで夜を明かした。翌朝早く、クリスティー・ウオルシとジョーン・ブローガンに会い、午後はフィラデルフィアから来たコニー・マックの長男で、アスレチックスの助監督であるアール・マックに会見した。これらの会見は、ベーブ・ルースを日本に引っ張って行くための地固めとして必要であったのだ。

ウオルシはベーブ・ルースのマネジャーである。この人のＯＫがなければ、ルースを動かすことはできない。ブローガンは全米ハースト系新聞の外報を握る偉大なる存在である。もしもルースが動かなかったときに助力を頼む用意である。それから、マックはオドールと私の３人で、最初からこれを計画したアメリカ側の要人で、この人を得てコニー・マックが動き、これによってア・リーグ所属選手の日本来遊が許可されたのである。

当時のナ・リーグでは、その所属選手の日本行きを許さなかったのである。このために１９３４年のチームにはナ・リーグの選手は一人も加わっていなかったし、たまたま助監督として来遊したオドールもプレーすることはできなかったのである。

●床屋で日本行き談判

この１９３４年（昭９）のとき、私がベーブ・ルースと会ったのは10月1日の午前中であった。今は名前を失しているのだが、著名な床屋であった。私が入っていったとき、彼は回転椅子にあって調髪していた。

彼と私は鏡を仲介して、久しぶりの〝ハロー！〟を笑顔で交換した。彼は白衣の下から、太い逞しい手を差し出して私の近寄るのを待ってくれた。いつもと変わらぬ親しみのある態度であった。

1934年の日米野球におけるベーブ・ルース（左）と鈴木惣太郎氏

写真提供／鈴木洋子

ところが、終えて回転椅子から立ち上がった彼は、非常に機嫌が悪かった。彼はいきなり「日本へは行かない」と太い声で言い出した。多少は危惧していたことだが、これには私も面食らった。そして、ルースの顔には力強い決意さえ表れていたのであるから、これは大変なことになったと直感した。

後になってわかったことなのであるが、前に述べたラパート・オーナーとの会見で、ルースが憤りを発し、ついにヤンキースと袂を分かつたのが、その前日であったのだから、彼は不満の絶頂にあって、固く約束をした日本行きさえ破棄するほどいきり立っていたのは無理もないことである。

このとき私と同行していたのは、オドールとルースのマネジャー、ウオルシであった。両人とも助け船を出して、日本行きの約束履行を説くのであったが、ルースは頑強に「行かない」と言い張る。

こんどは手を変え、そして品も変えて〝ルースの顔〟を描いた大ポスターから、宣伝のために作ったジャンパー（これは当時の新聞配達人が着用したもの）まで持ち出して、どんなに日本人のファンが大騒ぎして、彼の来遊を待っているかを説明した。

ルースの顔を描いたポスターは効果があった。ルースはそれを見て、大きく破顔一笑した。まことに邪気のない彼である。ふふふふ、ふふふと笑った後に「日本へ行く」と言ってくれた。そしてルースとウオルシはポスターとジャンパーを抱えて外へ出て行った。

現在も手許にある私の日記には、29日の夜も30日の夜も2時、3時まで寝られないで困ったが、この10月1日の夜、初めてグッスリと休むことができたと記入されている。

★ベーブ・ルースが日本行きを承諾したことで、全メンバーが決定した。（◎は殿堂入り）

【総監督】コニー・マック（アスレチックス監督）◎
【助監督】レフティ・オドール（ジャイアンツ）
アール・マック
【投　手】レフティ・ゴーメッツ（ヤンキース）◎
アール・ホワイトヒル（セナタース）

クリント・ブラウン（インディアンス）
ジョー・カスカレラ（アスレチックス）
【捕　手】フランキー・ヘイズ（アスレチックス）
モー・バーグ（セナタース）（※56）
【内野手】ルー・ゲーリッグ（ヤンキース）◎
チャーリー・ゲリンジャー（タイガース）◎
ジミー・フォックス（アスレチックス）◎
エリック・マクネア（アスレチックス）
ラビット・ウォストラー（アスレチックス）
【外野手】ベーブ・ルース（ヤンキース）◎
ビング・ミラー（アスレチックス）
アール・エベリル（インディアンス）◎
【審　判】ジョン・クイーン
【トレーナー】ドッグ・エブリング
【マネジャー】ボブ・シローダー
（ほか一行の家族）

（※56）捕手モー・バーグは謎の男だった。時には試合に参加せず隠密行動。東京・築地の聖路加病院屋上から彼の撮影した映画用フィルムが、後の東京大空襲の貴重な参考資料になったという話は知られている。

★ジョー・カスカレラの証言。
「ある日の試合では姿を見せなかった。彼はどうしたんだと聞くと、体調が悪いとのことだったが。それにしても、モーは日本にいる間、行き先も告げず、よく1人で出かけていた」

そしてルー・ゲーリッグのエレノア夫人の証言。
「モー・バーグは日本語を含む7カ国語に精通した言語学者であり、この遠征には政府から移動情報収集の役目も与えられていたという。後にスパイだったという話も聞いた」

バーグはドジャースやレッドソックスなどで控え捕手として15年間プレー。晩年は日本の着物を着て大量の書物の自宅で読書にふけっていたといわれるが、1972年（昭42）70歳で死亡。

●ルースとワールド・シリーズ観戦

1934年（昭9）を終わったベーブ・ルースは、事実上プレーから引退したのである。そして、間もなく私とルース及びその家族とのおよそ2カ月にわたる旅行が始まった。

旅程はニューヨークに始まり、タイガース対カージナルスのワールド・シリーズを一緒に観戦するために、デトロイトとセントルイスとを往復し、米大陸を横断してシアトル、バンクーバー、ホノルル、それから日本まで延ばされる――

最初はデトロイトにおいてのワールド・シリーズ観戦である。この球場の記者席は2階の家屋の最前列に設けられている。ルースはワールド・シリーズの批評を通信社と契約していた。そして記者席の中央に席を指定されていた。私の席は、それより少し離れて一塁側寄りに指定されていたので、試合中に話し合う機会はなかった。だが試合後、私がホテルから日本へ打電する前には、必ず試合のヤマなどを説明してくれたり、試合の観点などを教えてくれた。

次いでセントルイスに行き、再びデトロイトに戻ったりして、ワールド・シリーズ観戦を終えると、シアトルで他の日本行きの選手たちと落ち合った。ここで、10月18日に日本行きチームのチームと別のア・リーグの連合チームとが夜間試合を行った。9対6で日本行きチームの勝利となったが、アメリカといっても、この辺りではベーブ・ルースのプレーを見るのは非常に稀らしいことであったから、大変な人気で観衆は球場にあふれた。

この2チームはバンクーバーまで同行して、その翌日そこで試合を行ったが、この日は朝から雨でとても試合は行えそうにもなかった。

だが、一行のホテルの前にはファンが黒山のように集まって、試合の挙行を熱望したので、ついに雨の降る中、芝生に水溜りができている球場で行われ、2対2の引き分けに終わった。

この2試合中、コンディションの整っていないルースは、際立った打力の猛威を示さなかったが、彼の人気は一行中、群を抜いて物凄いものがあった。

●いよいよ日本へ

その夜（10月19日）コニー・マック総監督（※57）は、選手全員、審判員、トレーナー、会計部長、それに私を加えて19名を、ホテル・バンクーバーの彼の居室に集めた。19名が楽に入れる部屋なのだから、実に立派なものである。そこで、コニー・マック総監督は静かに口を開いた。

「これから日本訪問18試合の第一歩を踏み出す。私が全旅行の責任者であるが、試合の遂行については、ベーブ・ルースにマネジメント（監督）の一切を任せる。庶務についてはビジネス・マネジャーのボブ・シローダーが担任、トラベリングとホテルについては、日本の代表としてここにいるミスター・ソウタロウ・スズキの指揮に従うように。

我々は、メジャー・リーグの代表として日本へ行くのである。聞くところによれば、日本では我々を手本にして最初のプロ・ベースボールチームを創設するのだという。我々は勝負にとらわれることなく、メジャー・リーグの本領と真価を日本のファンに存分に示し、我らの仲間になる日本の技術者と誠実に競わなければならない。

私の命に賛成の人は誓いをしてもらいたいし、不賛成の人にはホーム・タウンまでの旅費を差し上げるから、ここで別れてもらいたい」

するとベーブ・ルースがすぐ右手を上げて、最善を尽くすことと、コニー・マック総監督の命に絶対服従することを宣誓したのであるが、他の選手その他の随員がすべてそれに倣って宣誓した。これだけで会合は終わり、選手たちはみんな静かに室外に出て行った。ただ、私だけはマック総監督に呼び止められた。そして、終生忘れられない〝職業野球〟についての教訓を長々と教えてくれることになるのである。

翌日（10月20日）ホテルから一行の乗船エムプレス・オブ・ジャパン号のつながれた埠頭までは、熱狂の群集が人垣を作って見送った。バンクーバーとしては空前の大騒ぎで、ニュース映画の撮影隊が何組も出動していたが、その焦点は常にベーブ・ルースに向けられていた。

太平洋洋上の〝女王〟ジャパン号は、当時の最大豪華船であった。マック総監督を筆頭に一行にはそれぞれ船室が割り当てられた。私のそれは、左隣がベーブ・ルースとその家族、右隣がレフティ・ゴーメッツ夫婦の船室であった。船中、一行の態度は実に立派であった。それにもまして驚いたのは、ルースが船中でトレーニングを始めたことである。彼は朝早く起きて、船にあるスポーツ施設を利用して、規則正しくトレーニングに励むのであった。

そして10月25日、ホノルルに寄港して、全ハワイチームと試合を行ったとき、ベーブ・ルースとルー・ゲーリッグが各2本ずつ計4本の本塁打を飛ばして8対1で快勝し、満員のファンを驚かせたのである。だが、それよりも私が驚いたのは、乗船前の2試合と異なって、ルースのコンディションが見違えるほどよくなったことである。

この試合前の打撃練習中、彼が放った一打は450フィート（約137メートル）に及んでいた。〝野球の偉人〟は、何をさておいてもファンに満足を与える努力を常に惜しまないのだ。これについては、この旅行中たびたび感服させられたのである。

彼は日本の野球ファンにベスト・コンディションで見せようとし、戦中で懸命のトレーニングを忘れず、他のどの選手よりも努力していた。こうしたときの彼を眺めると、神々しく見えるほど敬けんの態度である。

（※57）コニー・マック（Connie Mack 1862~1956）右投右打の捕手としてプレーしたが、なんといっても信じられないような監督歴。1894年（明27）皮切りにパイレーツで2年、アスレチックスで51年の計53年間も監督をつとめた超名将。リーグ優勝9回、ワールド・シリーズ優勝5回。1934年の来日時は72歳だったが、50年まで監督をつとめた後56年に他界、94歳だった。1937年殿堂入り。

●逞しき体と食欲

太平洋上の豪華船エムプレス・オブ・ジャパン号でのベーブ・スースは、実に張り切った生活をしていた。この点は、他の者たちもその通りであったが、とりわけルースのそれは、寸分のスキもないものであった。

早朝からジムに現れた。デッキ・スポーツのすべてに加わった。デッキ・スポーツのどの種目でも、彼は常にリーダーであった。彼の体力の逞しさ、意志の強さ、勝負強さ、それに加えて整然とした運動神経の発達は、他のどの選手おも圧倒して、断然強味を示していた。

たとえば、ルースと私が組んでいろいろなゲームをやったが、他の組を次々破って優勝した。これはルースの優れた点を示す実によい例証で、私など、彼の足手まといにこそなりはしたが、競技の上では少しも助けにはならない。それをカバーして余裕しゃくしゃくとして勝ち進んで行くとき、実に偉大な力量を感じさせられたのである。

身長6フィート2インチ（約187センチ）、215ポンド（約98キロ）の巨体を要するベーブ・ルースは、それを維持するために多大のカロリーを要するのであるが、彼は常に見事な食欲を示していた。

船の食堂では、ホワイトヒル夫妻、オドール夫妻、モー・バーグの5人に私を加えた6人が、いつも一つのテーブルを囲んでいた。よく物を食べる私は、この6人の中では誰にもひけはとらない自信を持っていた。

ところが早朝、デッキなどでルースに会うと、私の隣室であるルース一家の部屋に誘い込まれ、朝食や昼食を共にしたものだ。もっとも、それ以前に列車の食堂、ホテルの食堂でよく一緒に食事をしていたが、その時は特別に気がつかなかったのだが、ルースの食糧は、朝食は私の5、6倍、昼食は3、4倍の優勢を保持して、頑としてこの比率を崩すことはなかった。海が大荒れになったら、この比率は晴雨計とは反対に、急激の上昇をさえ示すのであった。

その代わりに、彼の生活力の旺盛なことは、一般の船客はもちろんのこと、どの選手をもってきても、彼に匹敵するものはなかった。この〝野球の偉人〟は、実に人間生活の偉人なのである。

●模範を示す猛練習

バンクーバーを出帆してから、船は非常な荒天に見舞われ、ホノルルに到着するまでは、あまり多くの練習日はなかった。選手の中にも船に弱い者がいて、カスカレラ投手なんかはデッキに出てきたのは数えるほどで、横浜に到着するまでその大部分を自室ですごしたほどで、彼がデッキに姿を現したら、天気晴朗にして海上鏡の如しという表現にさえなった。

しかし、天候に少しも掛かり合いなく、船中のトレーニングに最もよく努めたのはベーブ・ルースであった。彼のトレーニングは他の選手のそれと違って、非常な真剣さが現れていた。

船上での練習は、主としてボールの投げ合いであったが、ホノルルを出て日本に近づくに従って猛烈になってきた。それは船上での練習としては実に激しいものであったが、コニー・マック総監督が、デッキに出てきての練習であったし、一行のフィールド・マネジャー（日本で言う監督）に任命されたベーブ・ルースが先立って練習に励むので、どの選手も怠けてはいられなかった。

前にも述べたように、ヤンキースのラパート・オーナーは、ルースの監督としての資格を疑問視していたのであるし、同じようにアメリカ球界の持つ疑問符ではあったが、私の見た船中のルース、それから後に、日本の各地で行った試合におけるルースのチーム指揮ぶりは、実に見事なもので、非の打ちどころは一点もなかった。にもかかわらず、彼の監督としての疑問符は、ついに今日までの疑問符として残されている。

その理由は、アメリカにおけるメジャー・リーグの監督の職務は、単に選手の練習を指揮し技術を指導する程度の簡単なものではないからで、私がここで述べる〝実に見事なもので、非の打ちどころは一点もない〃というのは、日本での監督に照らしての批判である。

ベーブ・ルースを大リーグの監督として見るときには、私においても疑問符を抱かざるを得ないのである。アメリカでの監督に対する適否は、人気や野球知識、あるいは技術での問題だけでは判断されない。これらの資格は、もちろん必要かくべからずものであるが、多種多様の選手たちをまとめ、その総合威力を発揮させる手練と人格とが、最も重要視されるのである。

断っておくが、ベーブ・ルースには、その最も重要視する素質がない、というのではない。それを試みる機会がついに今日まで与えられないのである。ルースは、ことベースボールに関する限り、何事も思うがままに実現してきたのであるが、メジャー・リーグの監督になることだけが未だ実現されないのである。

●独歩名選手にして優秀市民

私生活におけるベーブ・ルースは、相当に我がまま者である。そして船上でのそれは独りルースばかりではない。左腕投手ゴーメッツ（※58）以下、他の選手の誰をつかまえてきても気まま者でないものはいなかった。その上に、夫人連中になると、それ以上の気随な人たちもあった。そして、一行と私を加えて38名の全員は、誰一人として個人的な権利を生活の上に主張しない者はなかった。

にもかかわらず、2カ月に余の旅行中、私は彼らの間に醜い争いを一度も目撃しなかった。このことは、コニー・マックという米国球界随一の長老監督で、そして実に立派な人格者が、その団長であったことにもよるのはもちろんだが、一行の誰もが本当に紳士であり、淑女であったからだ。

彼らは強く権利を強く主張するが、それと平行する強い義務を忠実に履行することを常に忘れなかった。彼らは名選手としての訓練を積み上げてきていることは言うまでもないが、同時に選手もその家族も、実に立派な社会人としての訓練を経てきているのである。この著しい例証は、後に日本上陸後のベーブ・ルースの行動に、はっきりと出てくるのである。

それから、いかに技術の上の名選手であっても、いかに人気のある大選手であっても、定められた掟を実によく尊重する点が、団体行動の秩序を保たせた要因でもあった。こうした点でベーブ・ルースは実によい模範を示してくれた。ルースは古今独歩の名選手にして、しかも善良な社会人なのである。

（※58）レフティ・ゴーメッツ（Lefty Gomez 1908~1989）左投左打。ヤンキース入団5年間ルースと一緒で、同球団13年で189勝。来日したこの年は26勝で最多勝。ワールド・シリーズでは通算6勝無敗。最多勝2回、防御率1位2回。これから始まる日米野球でも5試合で5勝と大活躍する。1972年殿堂入り。

●掟を守ってバッグ携帯

その一例を挙げると、当時のコニー・マック総監督は72歳の高齢であったから、旅行についての細かい注意などは、審判員のクイーンに一任していた。本来ならばメジャー・リーグの旅行には、常にトラベリング・マネジャーが付き添って、旅行に関する一切の指揮をとるのであるが、ベーブ・ルースが日本に来たときは、クイーン審判員がその代わりをしていた。

そのクイーンが船中で選手一同に申し渡した一項のうち〝日本に行ってからは、各自の手荷物はチームで責任をもって運搬するが、ユニフォームだけは各自がどこへ行くのにも必ず携帯しなければならない。ただし、捕手の用具は捕手が持ち運ぶこと〟というのがあった。

私は、果たしてベーブ・ルースのような選手や、その他、相当我がままな選手たちが、この掟を守るかどうか、と日本での旅行中に注視していたのであるが、ルースが率先して範をたれ、そして他の選手のいずれもがその範に従った。クイーンは〝個人的のトランクやスーツケースなどは、どこへ紛れ込んでも、後で見つけ出せばよい。だが、ユニフォームがなければ試合はできない。それではファンに申し訳ない〟という適切な考えから発した選手への申し渡しなのである。

ルースが日本での旅行中、あのユニフォーム・バッグを引っさげたのを見て、彼を歓迎にやってきた友人や知己、それからファンが、彼に代わってユニフォーム・バッグを携帯することを申し出ても、彼は頑として聞き入れなかった。当時はまだメジャー・リーグの審判員になっていなかったクイーンの申しつけでさえ、それがチームの掟であるとなれば、ルース如きの大立物でも、それを守る範を示すのである。

★ここで、間もなく到着する米チームを迎える日本チームのメンバーを紹介しておこう。

（＊は後に殿堂入り）

【総監督】＊市岡忠男

【監　督】＊三宅大輔、浅沼誉夫

【投　手】＊沢村栄治・＊伊達正男・＊浜崎真二・青柴憲一・＊ビクトル・スタルヒン
浅倉長・武田可一

【捕　手】主将＝＊久慈次郎・倉信雄・井野川利春・伊原徳栄
【内野手】＊三原脩・＊水原茂・＊苅田久徳・永沢富士雄・江口行男・村井竹之助
＊山下実・＊牧野直隆・山城健三・富永時夫
【外野手】＊二出川延明・＊中島治康・矢島粂安・堀尾文人・夫馬勇・山本栄一郎
新富卯三郎・杉田屋守・李栄敏

当時、大学生のプロ参加は禁じられており、主に学生野球から社会人野球でプレーしていた選手などで編成された。久慈次郎は函館オーシャン倶楽部、後に三冠王第1号となった中島治康は藤倉電線というように。

●熱狂的大歓迎

エムプレス・オブ・ジャパン号が横浜に近づくにしたがって、ベーブ・ルース一行を待ちこがれていた日本の野球ファンの熱狂は、ヒシヒシと我らの身辺に迫ってきた。それは毎日というより毎時というほど、頻繁に各方面から無電によって送られて来た。

すでに1931年（昭6）のときの熱狂的歓迎を体験しているオドール夫妻やルー・ゲーリッグには、それがどんなものであるか想像がつくのであったが、ベーブ・ルースにはよくわからなかった。そこで彼は、折にふれては私をつかまえ、彼らを待つ日本の歓迎がどんなものかを熱心に聞くのであった。

私は、持ち合わせたあらゆるボキャブラリーとフレーズで、詳細に説明しても、それを言い尽くすことはできなかった。そこで、ルースが目撃した否かは別としても、米国人なら誰でも知っているはずの、リンドバーグが、1927年（昭2）の初夏、ニューヨークからパリに、愛機〝スピリット・オブ・セントルイス〟で大西洋横断飛行に成功して帰ってきたときの、あのニューヨークでの熱狂的大歓迎を見て知っている私は、あの歓迎に等しいものが我ら一行を待っているのだと説明した。

これには手応があった。ルースにも、どんな熱狂的大歓迎が東京で待っているかは、ほぼ見当がついたようだ。しかし、果たしてリンドバーグの大歓迎ぶりと同じにするのかは一抹の疑問があった。

だが、1934年（昭和9年）11月2日朝、横浜港の4号岸壁に一行が上陸してから、東京駅のプラットフォーム、その駅外、二重橋前、銀座通りから帝国ホテルまでの野球ファンの、というよりは、日本人の熱烈な大歓迎（※59）はリンドバーグ帰還のときのそれに匹敵するものがあり、さすがに全米到るところでファンの歓迎攻めに慣れているベーブ・ルースでも驚嘆させせられたのである。

（※59）エレノア・ゲーリッグ夫人の証言
「横浜に着いたときの歓迎ぶりは、まさに驚きだった。山のような群集が押しかけ、目の届くところすべて人の波で埋まった。列車は30分ほど遅れて東京駅に着いたが、群衆の数は横浜よりずっと多くなっていた。東京駅から帝国ホテルへオープンカーで向かう途中の沿道も群集でぎっしり埋まった。女の人たちの半分は着物姿、半分はモダンな洋服を着ていた。
日本人の野球に対する情熱は大変なものであり、彼らはその情熱をアメリカのヒーローたちにぶつけてきたのだ。われわれの一行は、まさにアメリカプロ野球のエリートたちを集めた遠征旅行団だった。しかも、プロ野球選手の海外遠征は、当時としてはまだ非常に珍しいことだったのだ」

また当時の読売新聞にはこんな記事が――

野球戦ジャパン号ホノルル横浜間急航新記録

世界無敵軍を乗せてきたエムプレス・オブ・ジャパン号はホノルルから横浜まで6日16時間53分で到着した。これは同船がもつ記録を破ること3時間で併せて海運界の新記録である。ダグラス船長は鼻高々語る。
「壮挙に対してわれわれはスピードをもって援助し、一刻も速く日本に到着して選手たちに休養と練習時間を余計に与えようと気持ちで船を走らせたところ、別段新記録を作るつもりではなかったが計らずもホノルル横浜間の素晴らしい新記録を作ってしまった。実に愉快だ」

●日本に来てよかった!

その11月2日の第一夜のプログラムは、日比谷公園新音楽堂における市民大衆の公式歓迎会に始まったが、コニー・マック総監督、ベーブ・ルース、それに私の3人が、愛宕山のJOAK(NHK)放送局に車を走らせ、日本全国の野球ファンへの挨拶に赴く途中〝ルース、ルース〟と、ベーブ・ルースを略して〝ルース〟と呼ぶ大衆の歓呼には、彼も大満悦で応答していた。

その夜の最後のプログラムとして、芝公園の紅葉館における、読売新聞社長正力松太郎氏の歓迎宴に臨むため、愛宕山から車を走らせているときルースは〝スズキやい(彼は私に呼びかけるとき、常に『やい』をつけた。この『やい』は船の上から始まったのだが、彼も私もその意味を知らない)リンドバーグの歓迎というのは本当だった。それからスズキやい、ニューヨークの床屋での話も本当だった。やはり日本に来てよかった〟としみじみ述懐した。

車の後部座席に座を占めたマック総監督には、話の意味がよくわからなかったようだが、ニコニコしていた。ルースがその話について総監督に説明すると、マック老は破顔一笑して〝スズキはインテリジェントだから〟と言ったが、その言葉は今でもはっきりと私の脳裏に刻みつけられている。それは私によってベーブ・ルースが巧みに日本まで引っ張り出されたという意味なのである。

私は、ルースを連れて来ることができなければどうしよう、なんてことは考えていなかった。しかし、万一ルースを連れてこなかったら、それこそ大変なことになるとは、アメリカへの出発当初から痛切に考えていたのである。

★当時「帝国ホテル」の客室係だった竹谷（たけや）年子氏の証言。

「1934年11月2日のことでした。帝国ホテルの表玄関で、歓迎の人の群れにもみくちゃにされ、そこをやっと抜けベーブ・ルースさんが入られたのは310番の部屋でした。ドアを開けると6段の階段があって、そこを上がると右側に家庭的な感じの、広いパーラー（リビング兼応接間）があって、左側がベッドルームになっています。仕切りがないので、ワンルームですが、大きな体のベーブ・ルースさん向きの広い部屋でした。

ベーブ・ルースさんは縦も横も、ビックリするくらい大きな、堂々とした体格の方で、丸い大きな顔をしていらして、それに声も大きくて、よく大きな声で笑っていらしたのが印象的でした。手がまた特別に大きくて、チェックインのサインをなさるとき、ペンが手の中に隠れるようだった、とフロントの人が話していました。とにかく愛嬌がある方で、ベーブ・ルースさんがいらっしゃるだけで、その辺りの空気が明るくなるみたいでした」

●空前の日米野球始まる

翌11月3日明治節の午前中、ベーブ・ルースを先頭にして、明治神宮に参拝した一行は大隈侯爵邸の園遊会に臨み、それから家族たちとは別れ、選手だけが千葉の谷津球場（※60）に赴いて練習を行った。そこには、練習を見るためにファンが2万人も押し寄せたのであるが、打撃練習でルースが第1球をバントしてファンを驚かせた。しかし、クリント・ブラウンの投げる第2球を右翼柵外にあっさり叩き出して、2万観衆をアッと言わせた。この一打は120メートル前後を飛んでいたが、船の上でのトレーニングの効果はてきめんで、ルースの調子は他の選手を抜く快適を示していた。

こうして11月4日、待望久しき日米野球大試合の第1戦は、超満員の神宮球場において、壮麗豪華きわまりなき歴史的の入場式に次いで、東京倶楽部（※61）とオール・アメリカン・チームの間に繰り広げられ、17対1の大差で米チームの大勝に帰した。この試合のルースは5回に右翼安打を奪っただけであったが、ゲーリッグ、フォックスとも無安打に終わり、コニー・マック総監督をして、巨砲陣の不振は全くの奇跡だと呟かしめた。米チームの投手は左腕ホワイトヒルであった。

その翌日の11月5日、米チームはオール・ニッポン・チームと、6万の大観衆に埋もれた神宮球場で前日同様の大熱狂裡に挙行された。試合はカスカレラと伊達両投手の競り合いに始まったが、快速球の威力を示した伊達投手もエベリルに2本、ゲーリッグとフォックスに各1本の本塁打を放たれて1対5の敗北を喫した。

この日のベーブ・ルースは左翼から一塁と守備位置を変えたが、4回に一塁頭上を抜く安打を放ったのみで、大物を飛ばし得なかった。ホテルに帰ってからのルースは、会心の当りが出ていないことなど、全く問題にしていなかった。彼は至極のんびりしていた。

それでも、帝都におけるベーブ・ルースの人気は、断然他を圧倒していた。ホテルの中でも外でも、それからまた彼の行く所には、どこでも熱心なファンが待ち構えていて、この〝野球の偉人〟を取り巻き、サインを求めて容易に彼を逃がしはしなかった。彼はどんな人に対しても、またどんな品物の表面にでも、乞われるままに快くサインを続けた。ただ、一つの条件として〝ペンを持ってお出でなさい〟というのが例であった。

彼は本当に人を愛し、己を愛してくれる人のためにサインの奉仕をするのだと心得ていた。誠に神妙な気持ちでサインするのであるから、少しも誇りがましいところなどなかった。


（※60）谷津球場について三原脩の証言。

「全日本チームが編成された後、この年の初め京成電鉄の後藤社長が千葉県の谷津海岸を埋め立てて作った球場で、我々は約2カ月間、猛練習に励んだ。初めのうちは十数人で淋しかったが、10月中旬ころには30人ほどになり、次第にチーム力も整ってきていた」

この球場は後になくなったが、現在の谷津公園には『巨人軍発祥の地』という記念碑が設置されている。

三原脩は日米野球後に誕生した大日本東京野球倶楽部（巨人軍）の契約第1号選手として知られる。後に巨人、西鉄（現西武）、大洋（現DeNA）を優勝に導いた名監督。

（※61）東京倶楽部は1927年（昭2）から始まった都市対抗野球で3回優勝しており、この年の翌年も優勝した社会人野球の強豪チーム。

●頼まれても試合はできない

11月6日午後2時30分の青森行き急行に同乗した一行は、7日午前11時10分に函館に到着。すぐ湯の川温泉に自動車を走らせて福井館で休憩。午後1時半から湯の川球場で試合の予定だった。しかし、遠路でもあり寒さも向かっていたので、コニー・マック総監督は東京に残りベーブ・ルースにすべての指揮権が任された。

上野駅を出発するとき、青森に着いたとき、連絡船に乗り込むとき、さらに函館に到着してから湯の川に至るまでのファンと一般大衆の大歓迎は、まさに殺人的の物凄いものがあった。だが、天候は次第に悪化して行って、青函連絡船に乗船した頃は暴風雨の型をした荒天となった。

湯の川に到着したときには、雨は幾分小やみとなっていた。果たして試合ができるか否か？　ジャニー・クイーン審判員と私とが、ベーブ・ルースの指示で、球場のコンディションを検分に出かけた。球場には随分多数のファンが案じ顔で我らの検分を眺めていたし、日本チームの主将で函館に住む久慈次郎氏（※62）をはじめ、函館球界の人々は至極心配そうに検分の結果を待った。

私は、そのときの球場の水たまりや降雨の程度では、試合の挙行は至難ではないとも考えた。それは、バンクーバーでの前例に比較して、降雨の程度はひどくはなかったからだ。だが、寒さの点が心配の種子であった。

福井館に帰った2人は、ベーブ・ルースにありのままを報告して、その判断を訴えた。するとルースは「この寒さで、降雨の中での試合は難渋であるし、球場に水たまりがあるというのでは試合はやれない。今夜の連絡船で帰路につく」というのであった。

福井館には函館球界の人々が集まっていて、ルースの判断を待っていたのであるが、中止と聞いて急に協議会を開き「明日は天気がよくなるというのだから、今夜はここに1泊して、ぜひ試合を見せてくれるようルースに頼んでくれ」と私に熱望するのであった。

その前の1931年の日米野球でも、函館のファンは米チームの試合ぶりに接していないのであるし、とりわけ、このとき市中はベーブ・ルースの話で持ち切りであったのだから、私としてもファンの熱望に応えてもらいたかったので、再三再四にわたってルースに、1泊して明日試合を行って帰路につくことを懇談した。だが、ルースの返答は頑として「ノー」であった。

このとき、1泊しても次の11月9日、仙台の八木山球場で行われる試合日程に支障をきたすものではないのだが、ルースは11日午前8時58分から、コニー・マック総監督、私との3人で再びJOAKから放送することが非常に気になっていたのである。

（※62）久慈次郎（1889~1939）右投右打。盛岡中~早大時代から強肩強打の名捕手。卒業後は函館オーシャン倶楽部を率いて社会人野球のスターに。日米野球でも後述の沢村栄治の快投を好リード。それから5年後、オーシャン倶楽部の選手として出場した試合で、打席で捕手が二塁送球しようとしたボールを頭部に受け死亡した。1959年殿堂入り。

●コニー・マック総監督の威令

ベーブ・ルースの頑とした態度には、私も函館球界の人々もほとほと手を焼いた。ここで、私の頭脳にピカリと思い浮かんだのは、バンクーバー・ホテルにおける、一行出発前日のコニー・マック総監督の申し渡しである。そこで、同監督を動かすこと以外に手はないと考えついた。

そして、あらゆる手段で帝国ホテルのマック監督と電話での連絡を企てたのだが、暴風雨のため、ほとんどすべての回線が故障であった。これにはまたまた困ったが、僅かに一線、青森を中継して読売新聞本社と連絡がつくことがわかった。この方法によって私は正力社長と直話ができ、それから間もなく帝国ホテルのコニー・マック総監督から、ベーブ・ルースに電話がかかってきた。彼の傍には私も同席していた。通話はものの1分もかからなかった。

ルースが「イエス、マック――イエス・サー」を繰り返したと聞く間に受話器が掛けられた。そしてルースは「今夜1泊して、明日試合をすることに日程を変える」と私に言うのであった。彼は少しも興奮していなかったし、悪い感情も表していなかった。実にあっさりと、淡々としてコニー・マック総監督の命に従ったのであった。

こうした際には、彼ほどの著名人であれば、自分の面目とか、自分の主張とかにとらわれて、一通りは上司に対しても何かと言い張るものであるが、本当に柔軟にコニー・マック総監督の申しつけを聞き入れたのには、私の方が驚いてしまった。そして、彼はオドール以下の選手と連れ立って町へ出かけて行った。

アメリカのベースボールの訓練というものは、このように秩序をよく守る点で実に徹底している。そして、ルースの柔順もさることながら、マック総監督の偉大さをヒシヒシと感じ、そして久慈次郎氏をはじめ函館の野球関係者も、函館のファンも小躍りしてコニー・マック総監督とベーブ・ルースに感謝するのであった。

こうして、日米野球第3戦はゴーメッツと青柴投手の先発で、11月8日、超満員の湯の川球場に展開した。初回エベリルに右翼越しの満塁本塁打が出るなどして、米チームは5対2の勝利を占めたが、ルースは5回に投手の足下を抜く安打を放ったのみで、未だ本領を発揮できなかった。

●口出し許さぬ自信

ところで、これほどチームの秩序ということでは柔順なベーブ・ルースでありながら、ひとたび野球技術の問題というようなことになると、自己の見地をガッチリと確保して、容易に他の容かいを許さないのである。

函館から帰路、ルースらの一行も全日本の選手も、共に青森の連絡船待合室で列車をしばらく待った。このとき全日本の三原脩二塁手が、二塁守備の問題でチャーリー・ゲリンジャー(※63)に聞こうとして、私と一緒に静かに長椅子に腰を下ろしている彼のところに近づいた。「二塁守備のことについて質問したいのだが」という声を少し離れたところにいたルースが聞きつけ、ツカツカと私たちの方へ寄ってきた。そして「何の用だ?」と反問した。ゲリンジャーは沈黙している。

私から「ゲリンジャーに聞きたいことがあるのだ」と言い終えないうちに「ベースボールのことなら俺のところへなぜ聞きにこないのだ」と珍しく少々怒気を含んでいた。私はあっ気にとられてその場を一時退却して、しばらくしてからゲリンジャーに詫びながら質問に答えてもらった。温和な、そして常に冷静なゲリンジャーは少しも感情を害していなかったが、私の方では実に気の毒な思いをしたのである。

また、これは後に起こったことであるが、帝国ホテルでゲーリッグがフォロー・スルーについて、求められるまま説明しているところへベーブ・ルースが来合わせると、ゲーリッグは急に黙して何も言わなくなってしまった。ゲーリッグほどの強打の大家でもルースの前では打撃の理論も説くことは遠慮していた。ただ、ルースから説明しろと言われたときだけそれに従っていた。

こうした点では、単に打撃のみでなく投手についても同様であった。ルースはゴーメッツを非常に引き立てていたが、そのゴーメッツさえピッチングの解説をするとき、ルースが居合わせたら、自説についてルースの賛成を得ることを忘れなかった。

ベーブ・ルースが技術のことについて、それからチーム運行の上で、何か他の意見を求める必要を感じたときは、ただ一人ミラーにだけ相談していた。ルースとほぼ同じ年齢で、ほぼ同じころメジャー・リーグに上がってきたアスレチックスのキャプテンには、ルースも常に敬意を表していた。

（※63）チャーリー・ゲリンジャー（Charlie Gehringer 1903~1993）右投左打。タイ・カッブのあとタイガースのスターになった名二塁手。通算２８３９安打、打率・３２０。首位打者1回、盗塁王1回。１９４９年殿堂入り。

●本領を発揮したルース

日米野球第4戦は11月9日、仙台の八木山球場で行われた。この辺りからベーブ・ルースにようやく会心の当たりが出てきた。力投する全日本の武田投手から、3回は中堅越しに、8回には左翼越しにホームランを放って本領を発揮した。この試合ではフォックスも3回に左翼観覧席を悠々と越して、畑の中に打ち込むホームランを放ち、ホワイトヒル、ブラウン投手で全米は7対0で全日本を退けた。

それから再び帝都に戻った一行は、依然として超満員の神宮球場で10日、全日本と対戦した。投手はゴーメッツと沢村栄治（※64）の一騎打ちであったが、さすがに当時米国随一の快速球左腕ゴーメッツは、三振18個を奪い、安打2本を許したのみだった。初陣の沢村は、ようやく調子の出てきたルースに初回右翼本塁打、ウオスラー、エベリルなどにも本塁打を打たれるなど12安打を浴び、0対10の大差で米チームに大勝を許した。

その翌日、興味中心の催しとして、ルースとミラーがそれぞれ監督として、日米両選手混合の紅白試合を神宮球場で行った。前者はブラウン、後者はカスカレラを投手として争ったが、ルースは本塁打2本を飛ばし、13対2でルース組が快勝した。ルースの打撃快調は日本のファンを満足させ〝さすがはルースだ〟の声を球場にみなぎらせた。

11月13日、一行は全日本と帯同して富山に赴き、超満員の神通球場でホワイトヒルに対する水原、沢村の投手リレーによる試合だったが、ルースは水原から本塁打を奪った。ホワイトヒルの好投に対して水原は精彩を欠き、2回裏に一挙9点を奪われるなどして全日本は0対14の大敗を喫した。

全米チームは3度目の東京入りして、11月17日、神宮球場で帝都最後の試合を行った。この試合前、ルース、ゲーリッグ、フォックス、エベリルの4強打者がホームラン競争を行った。結果はルース4本、エベリル3本、フォックス2本、ゲーリッグはなし。ルース最後の一撃は左中間芝生席に飛び込むもので、数でも飛距離でもベーブ・ルースが一番であった。この試合では全日本をコニー・マック総監督が指揮したが、浜崎投手の緩急をフォックスが左翼柵外に飛び出す、神宮球場創設以来の大ホームランを放つなど、米チームは15対6で大勝した。

（※64）沢村栄治（1917~1944）右投左打。このあと、米チームを相手に大快投を演じる。京都商を中退して日米野球に参加した後、大日本野球倶楽部に（現巨人軍）入団。ノーヒットノーラン3回など日本プロ野球草創期のスタープレーヤーだが、27歳で戦死。背番号14は巨人の永久欠番。1959年殿堂入り。「沢村栄治賞」はその名を永久に称

えるもので、この賞を目標にする投手も少なくない。2017年は菅野智之（巨人）が受賞。

●優れた〝スポーツ外交大使〟

11月18日、ベーブ・ルースの一行は、全日本と帯同して横浜公園球場（※65）で華々しい打撃戦を展開した。青柴、浜崎投手に対しゴーメッツだった。ルースは2回と7回に青柴の初球を無造作に叩いて2本の本塁打を放ち、横浜のファンを喜ばせたが、7回のそれはファンが熱望した中堅後方の塀越しのもので、横浜公園球場でも記録的の大物であった。

この日、井野川捕手も、指先を痛めてやや不調のゴーメッツから左中間本塁打を奪ったが、これは日本選手の第1号であった。全米チームにはゲーリッグ、フォックス、エベリルなどの本塁打があり、21対4の大勝を博した。こうした点差であっても、ファンは米チームの素晴らしい打撃猛威をほめたたえて大満悦であった。

この試合を一区切りとして、全米チームは西下したのであるが、この間、東京と横浜、その他、地方の至るところで全米チームの一行に対する公私各様の歓迎会が開かれた。こうした機会にはコニー・マック総監督とベーブ・ルース選手代表挨拶は不可欠なものになっていた。もちろん選手一人一人が短いスピーチを行ったこともある。その際の選手たちの態度は実に立派で、たとえば、一行中の最年少19歳のヘイズ捕手でも、社会人としての節度礼儀がすでに完成されていて、大選手であると同時に、立派な社会人にさえなりすましているのであった。

とりわけ、コニー・マック総監督やベーブ・ルースのそれは堂々たるものであった。たとえば、11月19日夜、帝国ホテルで開かれた〝在東京米人協会〟の大夜会におけるカーティス会長の挨拶に答えたマック総監督、ルースのスピーチなどは、態度においても、その内容においても、世界各国の大外交官に匹敵する立派なものを示した。その他、日米協会の午餐会、パン・パシフィック協会での会合などでも〝マック、ルースのスポーツ大使〟のスピーチは、日米両国の親善を心の底から叫んだ実に貴重なものであった。

また一行は米国大使館において、ジョセフ・グルー大使夫妻主催のティー・パーティーに招待されたのだが、その際の選手の態度は立派な〝スポーツ外交官〟であった。このとき、私はグルー大使から握手を求められ〝君は日米親善のために、実によい仕事をしてくれた〟と、固く手を握られたのであるが、このときの印象は私にとって、今もなお忘れ得ない思い出であり、今は実に感慨無量なものがある。

それから11月18日夜、横浜での試合が終わると、主として横浜在住の外国人で組織するYCAC（ヨコハマ・カントリー・アスレチック・クラブ）の晩餐会に一行は招待されたが、そこでのマック、ルースのスピーチも、花も実もある優秀なものであった。
その夜、ルースはオドール、ゴーメッツ、ゲーリッグや他の選手と家族を誘って私の宅に来てくれた。拙宅はＹＣＡＣの芝生グラウンドを隔てて南方隣にあるので、容易に来てもらえたわけであるが、こうした些事であっても、機会さえあれば知己友人を喜ばせようと努めるルースの心情には、まことに美しいものがあり、私をいたく感動させたのである。いずれにしても、ベーブ・ルースは優れたる〝スポーツ外交官〟である。

（※65）横浜公園球場とは現在の横浜スタジアム。終戦直後は進駐軍に接収されルー・ゲーリッグの名をとって「ゲーリッグ球場」と名を変えたが、１９４８年（昭23）にはプロ野球初の公式戦ナイター（巨人－中日）が行われた。その後、取り壊され１９７８年（昭53）に現在の球場が誕生した。

●沢村快投も日本惜敗

11月20日、静岡球場で日米野球第10戦（※66）を行った。この試合では日本野球の生んだ随一の名投手沢村栄治が無類の出来栄えを示した。この好投によって沢村投手は〝日本一〟のあだ名を獲得したのである。

この日、沢村は全米チームをわずか5安打に封じ、ルース、ゲーリッグ、ゲリンジャーに各一度ずつ三振を食わせ、フォックス、ヘイズ、ホワイトヒルには各2度ずつの三振を喫せしめて、計9個の三振を奪う健投を示した。
しかし7回一死後、1ストライク0ボールから投げ込んだ曲球をゲーリッグに右翼本塁打されて惜しくも1点を奪われ、ホワイトヒルの好投により、わずか3安打に抑えられた全日本は得点機がなく、全米チームは1対0の辛勝を遂げた。

(※66) 伝説の一戦なので全米チームの攻撃を記しておこう。沢村の好投ぶりがよくわかる。

全日本	0	0	0	0	0	0	0	0	0	—0
全　米	0	0	0	0	0	0	1	0	X	—1

【全米】

	1回	2回	3回	4回	5回	6回	7回	8回
(遊) マクネア	左飛	—	—	遊ゴ	—	左安	—	遊失
(二) ゲリンジャー	三振	—	—	二ゴ	—	左飛	—	中飛
(一) ルース	三振	—	—	中安	—	—	投ゴ	

(左) ゲーリッグ ―― 三振 ―― 二ゴ ―― ―― 右本
(三) フォックス ―― 三振 ―― ―― 三振 ―― 中安
(中) エベリル ―― 二ゴ ―― ―― 中飛 ―― 右安
(右) ミラー ―― ―― 右飛 ―― 左飛 ―― 遊ゴ
(捕) ヘイズ ―― ―― 三振 ―― ―― 投ゴ ―― 三振
(投) ホワイトヒル ―― ―― 三振 ―― ―― 四球 ―― 三振
(6回はホワイトヒル走塁死、7回はミラー併殺打)

★ベーブ・ルースの証言

「こんな接戦になるとは思わなかった。沢村の出来が素晴らしくよかったのだから仕方がない。だが、チームの打線が振るわなかったのは、バッターボックスに入って投手に面すると、太陽の光線が真正面に見えるので、まぶしくて仕方がなかった。そのため、ボールが白く光って飛んでくるので、見当が狂いやすく、結局沢村に名をなさしめるようなことになった。沢村は試合を重ねるごとにだんだん上手くなる。我々の欠点もよく見抜いて行く研究心も見られる。この試合を貴重な体験として慢心せずに自重して行けば、必ず大投手になるであろう」

1934年の日米野球（甲子園球場）でバットボーイと帽子を交歓して茶目っ気をふりまくベーブ・ルース

写真提供／鈴木洋子

さて、日米野球第11戦は11月22日、名古屋の鳴海球場で行われた。カスカレラに15本の安打を浴びせた全日本は、伊達投手の好投で8回表まで5対3のリードを奪いながら、その裏、四球2個、安打2本の全米の攻撃と、外野手の後逸などで3点を返され5対6で惜しくも敗れた。全日本は矢島、伊達、夫馬、苅田の4人で7本の二塁打と三塁打を飛ばしたが、全米は1本の長打もないという大苦戦であった。

第12戦も名古屋でその翌日行われた。全日本はゴーメッツから7安打を奪ったが、味方の武田、浜崎両投手が打たれたので、結局2対6の敗戦に終わった。ルースは静岡以来1本の本塁打も飛ばしていないが、到るところその人気は素晴らしく、彼自身もまたすこぶる上機嫌であった。

さて、日米野球第13、14戦は24日と25日の両日、甲子園球場（※67）で行われた。第1日は伊達、浜崎、青柴の3投手が打ち込まれ、全日本は精彩なく3対15の大敗を喫し、翌日は2度目の紅白試合を行った。今度はミラー組が5対1で雪辱した。この試合で新富三塁手が8回に青柴から左翼席に叩き込んで全日本2本目の本塁打を記録したが、全米選手は当時の甲子園のだだっ広さを指摘して、試合の興趣を削《そ》ぐと嘆いていた。

珍妙であったのは26日、小倉の第15戦で、かなりひどく雨の降る中、しかも水たまりが諸所にできている中で試合は行われたのだが、ベーブ・ルースは唐傘をさして一塁守備に着き、ゲーリッグはゴム長靴をはいて攻守をやってのけた。試合はルースとエベリルが本塁打を打って全米が8対1の大勝を占めた。

（※67）前述したように、当時の甲子園球場は広大で、1936年にタイガース（現阪神）の藤井勇が放った、プロ野球歴史的第1号はランニングホームランだった。

★コニー・マック総監督の証言

「野球は何といってもホームランが付きものである。ところが甲子園のグラウンドはメジャー・リーグと比べて遥かに広い。このような広大なグラウンドでホームランを打つ

のは非常に難しい。あまり広いグラウンドで試合を行うことは、試合の興味を減少させるばかりである」

●2枚の写真紛失に怒る

一行は最後の日程のため東京へ引き返した。その途中の11月28日、京都市設球場で行われ、同地に縁の深い沢村と青柴の両投手が登場して大いに期待されたが、ゴーメッツには太刀打ちできず1対14の大敗に終わった。

この試合中、私はベーブ・ルースから写真を2枚預かった。それは、ファンの一人が甲子園で撮影したものを2枚ずつ計4枚大きく拡大して、2枚はベーブ・ルースからサインをしてもらって持ち帰り、残りの2枚をルースに贈ったものである。で、試合中、この2枚の写真の保管を私に託したわけである。

私は全米チームのベンチにあっても、自分の記録のためにスコアをとっていたので、その2枚の写真をベンチの片隅に置いた。そして帰路に着くとき、それを持ち帰ろうとしたら、そこには写真はない。選手たちに尋ねても誰も知らなかった。

京都ホテルに帰った私は、ルースに写真紛失を告げ陳謝しようとしていた。これより前に、小倉の試合終了後、土地のファンから1尺（約30センチ）ほどの高さの特製〝ベーブ・ルース博多人形〟が、ガラスの箱入りでルースに贈られた。これはルースの打撃フォームをあしらって製作されたもので、実によくできていたが、ルースは山陽ホテルに帰ってから〝スズキやい、これを君にやる〟と言って私への贈り物にしてくれた。

こうしたことがあるので、わずか2枚の写真くらい紛失しても、ちょっと謝ればすむことと気安く考えていた。ところが、こちらから行く前にルースから「写真をどうした」と電話が自室にかかってきた。私はすぐルース一家の部屋に行った。そこにはゴーメッツ夫妻も居合わせた。

私は写真紛失の顛末を語った。あっさり許されるところではない。カンカンに怒った彼は、クレア夫人、ジュリア令嬢、それにゴーメッツ夫妻のとりなしなど眼中になく、頭ごなしに私を叱りつけて、何としても写真を見つけ出せと言ってきかなかった。

2カ月にわたる旅行中、ベーブ・ルースに本当に怒られたのは、このときが最初で最後であった。ルースが言うに、

「自分に贈られたものは、贈ってくれた人たちの心情を有難く感謝して、どの一品でも大切にしてアメリカに持ち帰りたいのだ。あの小倉の人形もそうしたいが、あれは壊れやすい。壊してしまったら贈り主に申し訳ないので君にやったのだ。たった2枚の写真でも、大切な記念品なのだから探し出せ」

と言うのであった。

私はあらゆる手を尽くして探そうとしたし、同時にその写真をルースに贈った人を探し出して、再製してもらうように苦心したが、ついに何とすることもできなかった。しかし、ルースは私の努力をクイーン審判員から聞き知って、快く私の過ちを許してくれた。

●鈴木惣太郎全米チーム監督

東京に引き返した全米チームは11月29日、大宮球場で第17戦を行った。このときに旭川から上京した全日本のビクトル・スタルヒン投手（※68）が初登場して、荒っぽい快速球を披露した。そして堀尾が全日本3本目の本塁打を飛ばすなどしたが、全米チームはゲリンジャー3本、ルースとホワイトヒルが2本ずつ、ゲーリッグ、フォックス、ヘイズがそれぞれ1本ホームランを飛ばすなど23安打で23対5の大得点差で大勝した。

こうして12月1日、日米野球第18戦は宇都宮市の常設球場で行われた。この日、ベーブ・ルースはホテル出発を前にして「これが日本での最終試合だから、スズキの苦労に報いてスズキを今日一日、全米チームの監督にする」と選手一同に言い渡した。

私は自分の思うままにライン・アップを作った。もっとも投手起用には、順番が決まっていたのでブラウンを立て、打順は最初から決まっている通りを踏襲したが、サインは簡単なものを急に用意した。だが、それは全く無用に終わった。乱戦になったのでサインなど用いる場面がなかった。

この日は寒くて、ベンチに炭火をしきりに燃やして暖をとった。最終試合であり、全日本の手並みがよくわかってきた全米選手は少々ダレていた。初回、堀尾の平凡な中飛をエベリルが落球するなどして、全日本に3点先取された。私はエベリルが懸命のプレーをしなかったので、100円の罰金を科した。ルースはこれをほめてくれたし、当のエベリルも後に快く罰金を差し出した。

この100円罰金で少々締まった全米選手は、1回から5回まで毎回得点し、7回には一気に4点返して14対5の大勝を収めた。この夜、宇都宮から帰京すると、一行は夜9時30分の神戸行き急行で神戸に向かった。

この日は熱海線開通の第1日でもあった。列車が長いトンネルを通るころ、ルース、フォックス、ミラーと私の4人が食堂の一つのテーブルを囲んで、日本での出来事を語り合い、夜の更けるのも忘れた――そして、私は神戸であの罰金で花輪を買い選手一同に贈った。

★日米野球戦績

	【スコア】米―日	【本塁打】米―日
神宮	17―1	0 0
神宮	5―1	4 0
函館	5―2	1 0
仙台	7―0	5 0
神宮	10―0	3 0
神宮	（紅白戦）	4 0
富山	14―0	3 0
神宮	15―6	4 0
横浜	21―4	5 1
静岡	1―0	1 0
名古屋	6―5	0 0
名古屋	6―2	0 0
甲子園	15―3	0 0

甲子園	（紅白戦）	0	1
小倉	8―1	2	0
京都	14―1	1	0
大宮	23―5	10	1
宇都宮	14―5	4	0

★ベーブ・ルースの日米野球成績
18試合＝76打数31安打、本塁打13、打点33、打率・408。チームを指揮しながら見事〝三冠王〟となり貫録を示したのだが、全日程を終えたところで、彼はこんな感想を述べている。

「日本選手の守備のうまいのには感心させられた。だが、いくら守備がうまくても試合には勝てない。勝つためには、やはり打撃を強くしなければダメだ。日本の選手はグラウンドに出ると、まずキャッチボールを始めるが、我々はまずバットを握って打つのだ。試合前の練習にしても、我々は大部分をバッティングに費やし、守備練習はほんの僅かな時間しかやらないことに気がついただろうか。

そして、我々は勝つために1点でも余計に入れようとするのに反し、日本は点を入れさせまいと努力しているのだ。ここに日米の相違がある。日本選手は、まずこのことを考えていただきたい」

（※68）ビクトル・スタルヒン（1916~1957）右投右打。ロシア革命のため祖国から北海道旭川に亡命。旭川中を中退して日本チームに加入し、そのまま大日本東京野球倶楽部（現巨人軍）入りし、シーズン42勝のプロ野球記録や300勝一番乗りを果たした。巨人のほか数球団のマウンドに立ったが、引退2年後の1月、自ら運転した交通事故で即死。1960年殿堂入り。『旭川スタルヒン球場』は彼を称えるもので、毎年プロ野球公式戦が行われている。

●ベーブ・ルースの印象

日本滞在中のベーブ・ルースからは、実にいろいろ印象を刻みつけられた。そのどれをとっても悪いものではない。京都ホテルでひどく叱責されたときでさえ、その言っていることは実によいことだと感じて、私は自責の念に駆られこそすれ、彼を恨むなどなどという気は微塵も起こらなかった。彼はずいぶん我がままでもあった。

時に人間性を丸出しにして、私には無理も言った。言われても悪い気はしなかった。その無理には巧むところがなかったし、無理が通らぬと悟ったら、あっさりとその無理を引っ込めてくれる、実に淡々とした気持ちが常によく現れていたからである。

ベーブ・ルースの子供好きについては、これまで述べているが、エムプレス・オブ・ジャパン号が横浜に着くと、船に押し寄せた歓迎する人たちの中には横浜訓盲院の盲少年たちも来ていて〝ベーブ・ルースに会いたい、偉大なる体に触れたい〟という希望を持っていた。ルースは誰の歓迎よりも、この盲人少年たちがユニフォームを着て〝ルースを歓迎する〟の点字歓迎文を下げて船に来てくれたのを喜び、最も強い感動を受けた。

彼はその少年たちの一人を抱き上げた。素晴らしい光景を見せてやる気なのであるが、少年には見えないし、ルースの言葉も少年たちには通じない。だが、その温かい気は少年たちの一人一人にヒシヒシと感じられたに違いない。ルースは盲少年の一人に近づいて自分の体を撫でさせた。それればかりではない。自らゲーリッグ、オドール、ゴーメッツ、ホワイトヒル、フォックス、ブラウンを盲少年たちに紹介して、その嬉々とする姿を見て、極まりなき喜悦に感動するのであった。

これを最初に、ルースはどこの球場でも少年たちと交歓した。甲子園ではバットボーイと帽子を交換（※69）してかぶり、自らバットボーイになりすまして撮影させたりしていた。これもベーブ・ルースのありのままの姿なのである。

（※69）バットボーイと帽子を交換し、彼らと並んでいる写真は1988年（昭63）に米で発行された、ベーブ・ルースの生涯を収めた写真集に2枚掲載されている。生前からルースのお気に入り写真であったという証しだろう。

●永久に輝く偉勲

1934年（昭9）12月2日夜、ついに別れのときが来た。全米チーム一行は午後10時、神戸出帆のエムプレス・オブ・カナダ号で上海、香港を経てマニラへと行くのである。私は妻を同伴して選手たちと、その家族、同行者一人一人と船上で決別の挨拶を交わした。その中には後年、再びアメリカで会ったが、今は何としても会えない人たちもいる。

たとえば、ルイスビル・スラッガー・バット製造会社のジョージ・A・ヒルリック社長である。氏は旅行先のシカゴのホテルで1946年（昭21）に死亡したが、私には実に手厚くしてくれた。また、1935年春、東京巨人軍をシンシナティに迎えて、善美を尽くした晩餐会を催してくれたり、同チームの前後2回にわたる渡米に際して、チーム使用のすべてのバットを寄贈してくれたなど、数々の厚意を示してくれた人である。

私と妻は、選手たちと別れたその翌朝、宇治山田に赴いて大神宮に参拝。神前にぬかづいて大任を果たし得た感謝を心から神々に捧げた――

★日米野球終了後の12月26日、全日本メンバーを母体に誕生したのが「大日本東京野球倶楽部」こと現在の巨人だった。

マニラからヨーロッパを回って、ゴーメッツ夫妻と同行したベーブ・ルース一家は、翌1935年の春、久々にニューヨークへ帰って行った。こうしてその年、ルースは懐かしのボストンに赴き、初めてナ・リーグに属したボストン・ブレーブスの助監督兼選手としてユニフォームを着用、28試合に登場して6本の本塁打を飛ばしたが、6月2日退き、これが〝野球の偉人〟にとってメジャー・リーグ最後となった。もっとも、彼は後にブルックリン・ドジャースに1938年（昭13）6月から終わりまでコーチとして加わったが、プレーはしなかった。

その後の彼は悠々自適の生活を送っている。が、1947年（昭22）春には、病名不明の腫れ物を後頭部に病んで全米ファンに気をもませたが、全快して再び自適の生活に戻っているのは悦ばしい限りである。

ルース病む、と伝えられて、その病院の彼の窓下には、幾度となく少年や青年たちのファンの群れが、夜を徹したということであるが、ルースと旅行して、どんな深夜でも彼を待ちわびるファンがいることを知る私には、アメリカのファンのベーブ・ルースに寄せる心情がよく理解できるのである。

１９３９年（昭14）、野球の地、クーパースタウンで〝野球１００年祭〟が挙行され、その記念事業として建てられた〝野球殿堂博物館〟には年々歳々、米国野球部門の功労者が祭られことになったが、ベーブ・ルースはクリスティ・マシューソン、タイ・カッブ、ウォルター・ジンソン、ホーナス・ワグナー、トリス・スピーカー、サイ・ヤングらとともに第１回に推薦される名誉を担った。そして、１９４７年（昭22）にはハッピー・チャンドラー・コミショナーによって、毎年4月27日を〝ベーブ・ルース・デー〟として祝い、永久にこの〝野球の偉人〟の功績が顕彰されることになった。彼の偉勲に対しては誠に当然のことではあるが、限りなく名誉と言わねばなるまい。

★１９４８年（昭和23）発行の鈴木惣太郎氏の著書『ベーブ・ルース』はここで終わっているのだが、ブレーブス時代に放ったルース最後の７１４本目のホームランは、とてつもない当たりだったことを記しておこう。

1935年（昭10）5月25日、フォーブス・フィールドで行われたパイレーツ戦だった。ルースは初回、いきなりレッド・ルーカスから2ランを放った。そして3回には二番手のガイ・ブッシュからこの試合2本目の本塁打を奪った。が、これだけでは終わらない。迎えた7回、続投のブッシュから3本目の一発。これが714本目だったのだが、その当たりは信じがたい特大ホームランだった。

ルースの打ったボールは2階のライトスタンドの屋根を越え場外に消えた。これまで同球場で場外ホーマーを放った選手はいなかった。で、球場係員がさっそくボールの行方を調べた。それによると、ボールは場外の家の屋根に当たり、別の家の屋根にバウンドしたあと空地に落ちたが、子供が拾って走り去ったことがわかった。

係員は最初に当たった家からホームベースまでの距離を測ったところ、600フィートあったという（約182メートル）。そして打たれたブッシュは、後にこう証言している。

「あれほど激しい打球を食ったのは後にも先にもなかった。ルースは太って、もう年だったが、まだあんなに素晴らしいスイングができたんだ。彼が空振りしたときでも、バットのビュッというスゴイ音にヒヤッとしたものだ。あの日打たれた1本目はいつもの本塁打と変わりなかったが、2本目は忘れられない。いまでも打球は飛び続けているんじゃないか」

現役最後の特大714本目のホームランを放ったルースは、この試合4打数4安打3本塁打6打点の大活躍だったが、ブレーブスは7対11で勝つことはできなかった。

なお、ベーブ・ルースの714本塁打は、右投手から499本、左投手から215本放ったものだった。

★コーチとしてドジャースを退団してから4年後の1942年（昭17）、ルースはゲーリッグの伝記映画「打撃王」（The Pride of the Yankees）に出演し、元気な姿を見せている。冒頭に、少年ゲーリッグがレッドソックス当時のベーブ・ルースのベースボール・カードを野球仲間に見せるシーンも出てくる。この映画はモノクロ127分の傑作だが、DVD化され著作権切れということもあり、廉価で発売されている。

★ベーブ・ルース最晩年の証言
「骨と皮ばかりの骸骨のような体になって、病気の最も重かった期間には70ポンド（約30キロ）も体重が減ったこともある。ようやく立てるようになって、体を見回したとき、自分の足が見えるので驚いたこともあった。昔からまっすぐ下を見て足が見えたのは、これが初めてだった。

正直なところ、僕ほど死にたくないと思う者はいないと思う。この必死の願いは、死地に臨んだ人間だけがこれを知り、理解することができるのだ。僕の場合、これは単なる願い以上のものだ。

僕はまだこれから長く生きる義務がある。最も偉大なスポーツである野球の一部分となり、またその発展の手助けをこれからもしたいと、念願しているからだ」

そのベーブ・ルースは1948年6月13日、ヤンキー・スタジアム完成25周年セレモニーに招かれた。病気は悪化していたが、背番号3のユニフォームの彼は、バットを杖代わりに球場を埋めたファンに挨拶。これが最後のユニフォーム姿だった。

そして、ガンで死亡したのは8月16日。53歳だった。それは、この本の〝主役〟鈴木惣太郎氏の『ベーブ・ルース』が発行されてから2カ月後のことだった――

【主要参考文献】

『THE BASEBALL ENCYCLOPEDIA』（MACMILLAN）
『THE BABE A Life in Pictures』（TICKNOR & FIELDS）★
『誇り高き大リーガー』八木一郎著（講談社）
『英雄ベーブ・ルースの内幕』ロバート・クリーマー著＝宮川毅訳（恒文社）
『帝国ホテルの昭和史』竹谷年子著（主婦と生活社）
『日米野球１００年』（毎日新聞社）
『巨人軍50年』（読売新聞社）
『オフィシャルベースボールガイド１９６９年版』（共同通信社）
『ゲーリッグと私』エレノア・ゲーリッグ&ジョセフ・ダーソー著＝宮川毅訳（ＢＢＭ）
『レオ・ドローチャー自伝』レオ・ドローチャー&エド・リン著＝宮川毅訳（ＢＢＭ）
『コニー・マック自伝』コニー・マック著＝内村祐之訳（ＢＢＭ）
『ベーブ・ルース自伝』ベーブ・ルース著＝宮川毅訳（ＢＢＭ）
『タイ・カップ自伝』タイ・カップ著＝内村祐之訳（ＢＢＭ）
『メジャー・リーグ紳士録』伊東一雄著（ＢＢＭ）
『栄光のワールド・シリーズ』（ＢＢＭ）

（ＢＢＭはベースボール・マガジン社）
『日本プロ野球記録大百科２００４』（社団法人日本野球機構）
『球界彦左もの申す』浜崎真二著（現代ブック社）
『読売新聞』

【主要人名インデックス】（※の初出順）

<ワールド・シリーズ>

年	球団	試合	安打	本塁打	打点	打率
1915	レッドソックス	1	0	0	0	.000
1916	〃	1	0	0	1	.000
1918	〃	3	1	0	2	.200
1921	ヤンキース	6	5	1	4	.313
1922	〃	5	2	0	1	.118
1923	〃	6	7	3	3	.368
1926	〃	7	6	4	5	.300
1927	〃	4	6	2	7	.400
1928	〃	4	10	3	4	.625
1932	〃	4	5	2	6	.333
【10シーズン】		**41**	**42**	**15**	**33**	**.326**

★ベーブ・ルースが通算トップテン入りしている記録
カッコ内は実働年数が同じ22年の王貞治

・本　塁　打　＝　714③（868）
・満塁本塁打　＝　16⑩（15）
・打　　　点　＝　2211②（2170）
・打　　　率　＝　.342⑩（.301）
・得　　　点　＝　2174④（1967）
・四　　　球　＝　2056③（2390）
・長　打　率　＝　.690①（.634）
・出　塁　率　＝　.474②（.446）

★その他

・試　　　合　＝　2503（2831）
・安　　　打　＝　2873（2786）
・二　塁　打　＝　506（422）
・三　塁　打　＝　136（25）
・盗　　　塁　＝　123（84）
・三　　　振　＝　1330（1319）

※投手成績は40～41ページ参照

＜ベーブ・ルース打撃成績表＞

年	球団	試合	安打	本塁打	打点	打率
1914	レッドソックス	5	2	0	0	.200
1915	〃	42	29	4	21	.315
1916	〃	67	37	3	16	.272
1917	〃	52	40	2	12	.325
1918	〃	95	95	＊11	66	.300
1919	〃	130	139	＊29	＊114	.322
1920	ヤンキース	142	172	＊54	＊137	.376
1921	〃	152	204	＊59	＊171	.378
1922	〃	110	128	35	99	.315
1923	〃	152	205	＊41	＊131	★.393
1924	〃	153	200	＊46	121	＊.378
1925	〃	98	104	25	66	.290
1926	〃	152	184	＊47	＊145	.372
1927	〃	151	192	＊60	164	.356
1928	〃	154	173	＊54	＊142	.323
1929	〃	135	172	＊46	154	.345
1930	〃	145	186	＊49	153	.359
1931	〃	145	199	＊46	163	.373
1932	〃	133	156	41	137	.341
1933	〃	137	138	34	103	.301
1934	〃	125	105	22	84	.288
1935	ブレーブス	28	13	6	12	.181
【22シーズン】		**2503**	**2873**	**714**	**2211**	**.342**

＊1位　★MVP

＜オールスター・ゲーム＞

年	チーム	試合	安打	本塁打	打点	打率
1933	ア・リーグ	1	2	1	2	.500
1934	〃	1	0	0	0	.000
【2ゲーム】		**2**	**2**	**1**	**2**	**.333**

驚いた。そして、思わず微笑んでしまった。というのも、1934年（昭和9）の日米野球でベーブ・ルース＝クレアの両親と一緒に来日した、当時17歳のジュリア嬢が、今も101歳で健在を報じた新聞を目にしたからだ。そのジュリアさんは「彼の活躍は日本にとってもアメリカにとっても素晴らしいこと」とOHTANI（大谷）を称えているそうだ。彼の出現でジュリアさんは、はるか昔の日本での思い出が甦っているのかもしれない——

さて、この本をまとめている最中、鈴木惣太郎氏の『ベーブ・ルース』をベースにベーブ・ルースの写真集（参考文献196ページ★参照）が製作されたと言っても過言ではないと感じたほどだった。

鈴木氏の『ベーブ・ルース』は1948年（昭和23）、写真集はそれから40年後の1988年（昭和63年）に発行されたものだ。私が古書市で、この写真集を4000円で手に入れたのは20年以上も前のことだった。

ルースの生涯を辿るその写真集は鈴木氏が、本書『ベーブ・ルース』に書かれたことを、最初から最後まで忠実に再現しているからだ。まるで『ベーブ・ルース』を英訳し、それに従ってルースの写真を収集、編集した、と思ってもおかしくないほどなのだ。それは、鈴木氏の『ベーブ・ルース』に〝ウソ〟は一つもない証しでもあり、これだけ綿密にベーブ・ルースを描いた書物は他に存在しないのではないかと思っている。それだけに、本書で改めてベーブ・ルースの真実を知っていただければ幸いである。

そして今、そのベーブ・ルースにOHTANIが、「二刀流」として、シーズン2ケタ勝利&2ケタ本塁打で追いつくことができるのかに誰もが注目しているのだが、果たして――

なお、私と出版社との橋渡しをしてくださった野村徳子さん、企画を快く受け入れ、幾度もアドバイスをしていただいた弘文出版の井上智由さんに心から感謝いたします。

氏田秀男

2018年9月

●鈴木惣太郎（すずきそうたろう）

１８９０年（明治23年）5月4日生まれ。群馬県伊勢崎市出身。前橋中を出て早大商科中退、大倉高商英語高等科卒、ニューヨーク・コロンビア大学留学3年、１９１９年（大正8年）高田商会ニューヨーク支店勤務のかたわら大リーグ観戦につとめる。１９２９年（昭和4年）高田商会解散で帰国。読売新聞にアメリカの野球評論執筆。それが高く評価され、正力松太郎氏の下で大リーグ招へいに努力。渡米してベーブ・ルースの招待につとめ、巨人軍創立の基礎を作り、１９３５年（昭和10年）巨人軍第1回と渡米に同行した。

プロ野球創立に従事し、１９３６年12月、巨人軍取締役、１９３７年から４０年まで日本野球連盟理事。戦後、進駐軍と折衝して後楽園や西宮球場接収などを解くため奮闘。１９４６年から４９年まで日本野球連盟副会長、その後、巨人軍顧問。アメリカ野球の紹介、チーム招致などでアメリカ往復20回。著書には「ベーブ・ルース」「沢村栄治」「米国野球百年史」「近代野球戦術」等がある。１９６８年殿堂入り。１９８２年5月11日没。享年92歳。

●氏田秀男（うじたひでお）

１９４７年新潟市生まれ。タツノコプロで「みなしごハッチ」「ガッチャマン」など人気アニメ製作にかかわる。その後、ベースボール・マガジン社で週刊、月刊の野球雑誌の編集者に。著書に「球場いっぱいアホばかり」「やっぱり野球はおもしろい」「プロ野球おもしろビックリ99の謎」「89の奇跡・もうひとつの野球殿堂」「イチロー至上主義」「プロ野球トリビアの泉」「その時プロ野球が動いた」「プロ野球検定試験①〜④」「プロ野球　仰天！記録大全」がある。

ベーブ・ルース
OHTANIがめざす二刀流ホームラン王

2018年11月15日　第1刷発行

著　者 ―― 鈴木惣太郎
　　　　　 氏田秀男
発行者 ―― 井上智由
発行所 ―― 弘文出版株式会社
〒271-0092　千葉県松戸市松戸1330-4-101
電話 047-366-1331
印刷所 ―― 株式会社暁印刷
製本所 ―― ナショナル製本協同組合
制　作 ―― 山内達夫

ISBN978-4-87520-236-3 C0275　Printed in Japan

弘文出版公式ホームページ
www.koubun-shuppan.co.jp

ホームラン王としてその名を轟かせたヤンキース当時のベーブ・ルース

写真提供／鈴木洋子